MEDIZIN
UND MODERNER KRIEG

Walter und Elisabeth von Oettingen im Dienst des
Roten Kreuzes (Russisch-Japanischen Krieg 1904/05 und
Erster Weltkrieg 1914-1918)

Karoline Riener

Düsseldorf 2004

INHALT

Vorwort des Herausgebers

Das Universitätsarchiv Düsseldorf verwahrt einen wertvollen Bestand von Bildern aus dem Russisch-Japanischen Krieg von 1904/05 und dem Ersten Weltkrieg, die aus dem Nachlass des Mediziners Walter von Oettingen stammen (Bestand 8/ 6). Obwohl dieser in keiner Beziehung zur Medizinischen Akademie Düsseldorf, der Vorgängerin der Heinrich-Heine-Universität, stand, eröffnet das Findbuch zu diesem Bestand die Publikationsreihe des Universitätsarchivs. Hier werden künftig in loser Folge Findmittel, Quellen und Untersuchungen präsentiert, um einer breiteren Öffentlichkeit den Weg zu seinen Beständen und den Ergebnissen seiner Tätigkeit zu weisen.

Der Nachlass Walter von Oettingens befindet sich nicht zufällig in Düsseldorf. Er wurde vom hiesigen Institut für Geschichte der Medizin unter dem Direktorat von Herrn Prof. Dr. med. Dr. h.c. Hans Schadewaldt als Teil einer größeren medizingeschichtlichen Sammlung erworben. Diese Sammlung hat das Universitätsarchiv übernommen, da es sich vor einen doppelten Auftrag gestellt sieht: Nicht nur die Kernaufgabe zu erfüllen, also die Archivierung von Unterlagen zur Geschichte der Heinrich-Heine-Universität, sondern auch an der Kernaufgabe der Universität insgesamt mitzuwirken: Es nimmt eine Servicefunktion für Forschung und Lehre wahr, indem es dazu notwendiges Quellenmaterial aufbewahrt und erschließt. Hier handelt es sich vor allem um solche Unterlagen, die seit Jahren oder Jahrzehnten von Düsseldorfer Wissenschaftlerinnen und Wissenschaftlern gesammelt und ausgewertet wurden – wie eben der Nachlass Walter von Oettingens.

Wenn also das vorliegende Findbuch keinen Professorennachlass oder Institutsbestand erschließt, sondern Kulturgut von überregionaler Bedeutung, so ist damit ein programmatisches Signal der Öffnung verbunden: Das Universitätsarchiv sucht wie die ganze Heinrich-Heine-Universität die Verzahnung und den Diskurs mit der deutschen und europäischen Forschungslandschaft. Dazu dienen Publikationsfindbücher wie das vorliegende, das auf einen Quellenfundus hinweist, den man nicht in Düsseldorf vermuten würde, der aber ein Reise nach Düsseldorf wert ist.

Frau Karoline Riener, die die nicht einfache Erschließung dieses Bestandes mit bewährter Umsicht und Akribie durchgeführt hat, gilt an dieser Stelle mein herzlicher Dank für die Erstellung des Findbuchs und der umfassenden Einleitung, die in Thematik und historischen Kontext einführt.

Düsseldorf, im Februar 2004

Max Plassmann

EINLEITUNG

Walter von Oettingen und seine Frau Elisabeth betrieben im Dienst des Roten Kreuzes Lazarette in den Kriegsgebieten des frühen 20. Jahrhunderts. Von dort brachten sie eine umfassende Fotosammlung mit, die heute im Universitätsarchiv Düsseldorf als Bestand 8/ 6 verwahrt wird. Es handelt sich um insgesamt 645 Aufnahmen, die zum Teil sehr nah am Kriegsgeschehen, zum Teil im unmittelbaren Hinterland der Fronten des Russisch-Japanischen Krieges von 1904/05 und des Ersten Weltkrieges entstanden sind. Gegenstand sind zumeist die Situation und die Versorgung von Verwundeten.

Im Bestand 8/ 4 des Universitätsarchivs, der Medizinhistorischen Sammlung, fanden sich ergänzend zu diesen Bildern schriftliche Unterlagen aus dem Nachlass der Oettingens. Das vorliegende Findbuch vereinigt beide Bestände, indem es zunächst den Kern des Nachlasses, den Bildbestand 8/ 6 verzeichnet, dann als Anhang den Splitternachlass aus Bestand 8/ 4 (mit einem eigenen Index) und schließlich als zweiten Anhang die Transkription eines Vortrages von Elisabeth von Oettingen über die Tätigkeit im Russisch-Japanischen Krieg. Dieser ist insofern von großem Interesse, als ein Teil der Bilder offensichtlich für diesen Vortrag benutzt wurde.

Die Bilder aus dem Russisch-Japanischen Krieg bieten seltene Einblicke in den Frontalltag dieses von der deutschen Historiographie wenig beachteten Krieges. Vielfach handelt es sich um Aufnahmen, die an oder sehr nah hinter der Kampflinie gemacht wurden. Die Bilder aus dem Ersten Weltkrieg sind hingegen zum größten Teil weiter hinter der Front aufgenommen, und viele wirken gestellt. Da die Oettingens in diesem Krieg einen Lazarettzug betrieben, konnten sie nicht mehr so dicht an die Kämpfe herankommen wie zuvor. Der Zug wurde aus Spenden finanziert, daher waren die Oettingens auf eine werbewirksame Öffentlichkeitsarbeit angewiesen. Viele der Aufnahmen dienten offensichtlich diesem Zweck, so dass sie ergiebige Quellen zu Fragen der Selbstdarstellung und zum Selbstverständnis des Roten Kreuzes darstellen.

Das schlägt den Bogen zu einem weiteren wichtigen Tätigkeitsbereich der Oettingens: Sie verarbeiteten ihre Erfahrungen auf den Kriegsschauplätzen zu Vorträgen und Publikationen, mit denen sie sowohl ein breiteres als auch ein spezielles, an militärischen und militärmedizinischen Fragen interessiertes Publikum erreichten. Die praktischen Kriegserfahrungen verliehen insbesondere Walter von Oettingen einen großen Einfluss im militärischen Sanitätswesen seiner Zeit. Er vertrat eine Theorie über die richtige Form der Wundbehandlung, die eher dem Kriegsbild des preußischen-deutschen Militärs mit seiner Vorstellung schneller Siege in freien Operationen geschuldet war, als medizinischen Tatsachen. Gefechts- und Sanitätstaktik waren kongruent, und beide scheiterten blutig im Ersten Weltkrieg. Hier zeigt sich, wie sehr auch eine vermeintlich objektive Wissenschaft dem Zeitgeist verhaftet ist. Das Beispiel von Oettingens kann daher einen Ausgangspunkt für wissenschaftstheoretische und -historische Betrachtungen bilden.

Oettingens Biographie beschränkt sich jedoch nicht auf den Kriegseinsatz. 1922 wanderte er für 12 Jahre nach Brasilien aus. Seine Erfahrungen als „Kolonialarzt" verarbeitete er wie schon die früheren publizistisch. Spuren davon finden sich in seinem Splitternachlass.

Im folgenden wird zunächst die Biografie der Oettingens (I.-II.) umrissen, um dann die erwähnte Kongruenz zwischen Gefechts- und Sanitätstaktik im Vorfeld des Ersten Weltkrieges näher zu beleuchten (III.). Schließlich wird die deutsche Brasilienauswanderung behandelt, um zu einer besseren Einordnung des Lebensweges der Oettingens zu kommen (IV.). In einem letzten Teil finden sich die formalen Angaben zur Überlieferung und Erschließung des Bestandes 8/ 6 (V.).

I.

Biografie Walter und Elisabeth von Oettingens

Walter von Oettingen (Jugend und Studium)

Walter Joachim Georg von Oettingen wird am 3. Februar 1873 als Sohn des deutschbaltischen Physikers und Musiktheoretikers Arthur von Oettingen in Dorpat, Livland[1] (Tartu, Estland) geboren.[2] Seine Kindheit und Jugend verlebt er in Livland. 1890 beginnt er ein Medizinstudium an der Universität Dorpat.[3]

Nachdem seine Eltern Dorpat 1894 in Richtung Leipzig verlassen haben, beendet Walter von Oettingen sein Studium in Dorpat und folgt ihnen 1896 nach Leipzig, wo er ein zweites Medizinstudium absolviert.

Er studiert zwei Semester in Berlin (Laboratorium und Poliklinik) als Volontär des ebenfalls aus Livland stammenden Professors und Direktors der Berliner Königlichen Chirurgischen Universitätsklinik Ernst von Bergmann.[4] Es folgen zwei Studiensemester in Leipzig (Innere Medizin und Nervenkrankheiten). Nach dem Staatsexamen und der Promotion (1899) praktiziert Walter von Oettingen drei Monate lang als Schiffsarzt auf der "R.-P.-D. König", einem 1896 gebauten Schraubendampfer der 1890 als Aktiengesellschaft gegründeten und staatlich subventionierten Hamburger Reederei "Deutsche Ost-Afrika-Linie", die einen regelmäßigen Dampferverkehr zwischen dem Deutschen Reich und seiner damals größten Kolonie gewährleistete.[5]

Nach seiner Rückkehr arbeitet Walter von Oettingen bis 1903 als Chirurgischer Assistent Ernst von Bergmanns in der Königlichen Klinik in Berlin und danach als Privatchirurg.

Im August 1903 heiratet er Elisabeth Schambach.

---

1 Livland war die regionale Bezeichnung eines Territoriums auf Gebietsteilen der heutigen baltischen Staaten Lettland und Estland.
2 Die Daten sind, wenn nicht anders gekennzeichnet, aus den Lebenserinnerungen Walter von Oettingens entnommen, Universitätsarchiv Düsseldorf (UAD), 8/ 4, 126.
3 Brennsohn, Isidorus: Die Aerzte Livlands von den ältesten Zeiten bis zur Gegenwart. Ein biographisches Lexikon nebst einer historischen Einleitung über das Medizinalwesen Livlands, Riga, 1905, S.306.
4 Biografische Daten zu Bergmann, vgl.: Bergmann, Ernst von, in: Hirsch, August (Hg.) Biographisches Lexikon der hervorragenden Ärzte aller Zeiten und Völker, Berlin, [u.a.], 1929, S. 480f.
5 Brackmann, Karl: Fünfzig Jahre deutscher Afrikaschiffahrt, Berlin, 1935, S. 20-56.

Bertha Elisabeth von Oettingen, geb. Schambach (Jugend und Ausbildung)

Bertha Elisabeth Schambach wird am 5. Mai 1875 als Tochter des Weimarischen Staatsrates Dr. jur. Karl Schambach in Eisenach geboren. Von Mai 1901 bis Mai 1902 absolviert sie eine Ausbildung als Operationsschwester an der Königlichen Chirurgischen Universitätsklinik Berlin (als Ausbilder fungiert u.a. Walter von Oettingen), bildet sich im Bereich der Inneren Medizin an der Pflegerinnenschule des städtischen Allgemeinen Krankenhauses in Friedrichshain weiter und arbeitet bis 1903 in verschiedenen Krankenhäusern und als private Pflegerin.

Die Tätigkeiten des Ehepaars von Oettingen im Russisch-Japanischen Krieg (1904-1905)

Kurz nach Ausbruch des Russisch-Japanischen Krieges bildet die Livländische Lokalverwaltung des Roten Kreuzes in Riga im Februar/März 1904 ein Exekutivkomitee unter dem Vorsitz des Livländischen Gouverneurs Generalleutnant Paschkow, mit der Aufgabe, alle Maßnahmen zur Einrichtung des Livländischen Feldlazaretts zu treffen. Walter von Oettingen wird die ärztliche Leitung übertragen, gleichzeitig wird er Mitglied des Exekutivkomitees.[6] Seine Frau Elisabeth begleitet ihn als freiwillige Operationsschwester. Das benötigte medizinische Gerät wird größtenteils vom Deutschen Zentralkomitee des Roten Kreuzes zur Verfügung gestellt.[7]

Die Livländische Abteilung des Roten Kreuzes formiert sich in Riga. Ab Tscheljabinsk (Russland) wird die Transsibirische Eisenbahn, die auf Initiative Sergej Wittes ab 1891 gebaut wurde und der wirtschaftlichen Erschließung Sibiriens und ferner den kolonialen Ambitionen Russlands im Fernen Osten dienen sollte,[8] als Transportmittel genutzt.

Das Livländische Feldlazarett kommt im sibirischen Urulga und später in Charbin und Eho (China) zum Einsatz.[9] Der letzte Einsatzort ist Mukden, wenige Kilometer von der Kriegsfront entfernt. Dort übernehmen die Mitglieder des Livländischen Roten Kreuzes neben der Verwundetenversorgung die Organisation eines Viertels des von

---

6 Vgl. eine diesbezügliche Zeitungsmeldung in der Nordlivländischen Zeitung vom 25. Februar/9. März 1904.

7 Kimmle, D: Einleitung, in: Central-Comité der Deutschen Vereine vom Rothen Kreuz in Berlin (Hg.): Beiträge zur Kriegsheilkunde aus der Hilfstätigkeit der Deutschen Vereine vom Rothen Kreuz während des Russisch-Japanischen Krieges 1904-05, Leipzig, 1908, S. XXIII.

8 Vgl. zur Vorgeschichte des Russisch-Japanischen Krieges: Westwood, J. N.: Russia against Japan, 1904-1905, London, 1986, S. 1-24.

9 Eine ausführliche Schilderung der Tätigkeit des Ehepaars von Oettingen im Russisch-Japanischen Krieg bei: Oettingen, Elisabeth von: Unter dem Roten Kreuz im Russisch-Japanischen Kriege, Leipzig, 1905.

russischen Militärbehörden eingerichteten Hauptsortierungspunktes am Bahnhof von Mukden zur Regelung der Evakuierung der Verwundeten.[10] Walter von Oettingen übernimmt die Leitung des dem Roten Kreuz zugewiesenen Teils des Sortierungspunktes.

Gegen Ende der auf einer Front von hundert und später fünfundsiebzig Kilometern geführten dreiwöchigen Schlacht bei Mukden (Ende Februar/Anfang März 1905), die mit einer Niederlage der russischen Landstreitkräfte endet,[11] wird auf Befehl des Oberbevollmächtigten des Roten Kreuzes ein Teil der in den Lazaretten tätigen Ärzte und Sanitäter aus Mukden evakuiert.[12]

Nach einem mehrwöchigen Aufenthalt in Charbin beschließen Walter und Elisabeth von Oettingen, nach Hause zu reisen. Am 14. September 1905 sind sie in ihrem Heimatort Stieglitz angelangt.

Die im Krieg gesammelten Erfahrungen auf chirurgischem Gebiet verarbeitet Walter von Oettingen in seinem Buch "Studien auf dem Gebiete des Kriegssanitätswesens".[13] Seine Frau veröffentlicht ebenfalls einen Erfahrungsbericht über den Russisch-Japanischen Krieg, basierend auf einzelnen, während des Krieges in der Berliner "Täglichen Rundschau" gedruckten Tagebuchblättern. Offenbar stoßen die Kriegserlebnisse des Ehepaars von Oettingen auf relativ großes öffentliches Interesse, zum Teil wahrscheinlich auch wegen der "Exotik" des Kriegsschauplatzes.[14] Beide halten mehrere Lichtbildvorträge vor unterschiedlichen Vereinen in Berlin und Umgebung.

1907-1912

Walter von Oettingen praktiziert von 1907 bis 1910 als Chefarzt im westfälischen Langendreer.

Zwischendurch reist das Ehepaar von Oettingen durch Europa und Nordafrika.

1910 kehrt Walter von Oettingen nach Berlin zurück und nimmt seine alte Arztpraxis wieder auf. 1912 nimmt er als Delegierter der Provinz Brandenburg am XIII. Internationalen Kongress des Roten Kreuzes in Washington teil, auf dem er einen Vortrag über "Die dreifache Bedeutung der Fixation bei Kriegsverletzungen" hält.

Im gleichen Jahr erscheint sein Buch "Leitfaden der praktischen Kriegschirurgie"[15], das als praktisches Handbuch für den im Kriegssanitätswesen tätigen Arzt gedacht ist.

---

10 E. v. Oettingen, Unter dem Roten Kreuz, S. 152.
11 Westwood, Russia against Japan, S. 134.
12 E. v. Oettingen, Unter dem Roten Kreuz, S. 221.
13 Oettingen, Walter von: Studien auf dem Gebiete des Kriegs-Sanitätswesens im
    rusisch-japanischen Kriege 1904/1905, Berlin, 1907.
14 In ihrer Publikation schildert Elisabeth von Oettingen ausführlich ihre Berührungen mit dem
    Alltagsleben der sibirischen und chinesischen Zivilbevölkerung.
15 Oettingen, Walter von: Leitfaden der praktischen Kriegschirurgie, Dresden [u.a.], 1914.

Die Balkankriege (1912/1913)

Im ersten Balkankrieg (Serbisch-Türkischer Konflikt) praktiziert Walter von Oettingen ab September 1912 als Chefarzt für das Serbische Rote Kreuz in Belgrad und Ueskueb (Skopje, Mazedonien). Elisabeth folgt ihrem Mann kurze Zeit später und übernimmt die Ausbildung der Krankenpflegerinnen, die sich aus Frauen der serbischen Zivilbevölkerung rekrutieren.

Nach Ausbruch des Serbisch-Bulgarischen Konfliktes im Jahr 1913 wird Walter von Oettingen gebeten, als beratender Chirurg bei der Serbischen Armee in Nisch (Nis, Serbien-Montenegro) tätig zu werden. Auch dorthin begleitet ihn seine Frau Elisabeth.

Im Oktober 1913 kehrt das Ehepaar von Oettingen heim.

Walter von Oettingen überarbeitet seine "Kriegschirurgie", die 1914 in dritter Auflage erscheint. Bereits ein Jahr zuvor erscheint sein Buch in unauthorisierter Übersetzung in Russland und Rumänien.

Der Erste Weltkrieg (1914-1918)

Kurz vor dem Ausbruch des Ersten Weltkrieges wird Walter von Oettingen von fünf Vereinen des Roten Kreuzes gebeten, die Mobilisationspläne für seinen Wohnort Berlin-Wilmersdorf, betreffend die Schaffung von Lazaretten im Falle eines Kriegsausbruchs zu erstellen.

Nach dem Ausbruch des Ersten Weltkrieges wird vom kurz zuvor gegründeten "Kriegsausschuss der Vereine vom Roten Kreuz Berlin-Wilmersdorf", dem zum großen Teil Berliner Industrielle und Staatsbeamte angehören,[16] ein Hilfslazarettzug unter dem Protektorat der Kronprinzessin Cecilie eingerichtet und die ärztliche Leitung Walter von Oettingen übertragen. Außerdem erreicht er, dass erstmals Krankenschwestern auf dem Lazarettzug eingesetzt werden. Entgegen der Bestimmungen eines Heeresbefehls, nach dem keine Arzt- oder Offiziersfrau an dem Ort eingesetzt werden durfte, an dem auch ihr Ehemann seinen Tätigkeitsbereich hatte, arbeitet Elisabeth von Oettingen mit ihrem Mann zusammen im Vereins-Lazarettzug L.[17]

Am 20. September 1914 setzt sich der der 7. Armee unter Generaloberst von Heeringen zugeteilte Zug in Richtung Valenciennes/Lothringen, Frankreich, in Bewegung.[18] Während des Krieges unternimmt der Lazarettzug L achtundneunzig Fahrten mit Einsätzen in Frankreich, Belgien, Ostpreußen, Polen, Ungarn, den Kaparten und Serbien. Im Mai 1915 wird Walter von Oettingen das Eiserne Kreuz verliehen, einige Tage später Elisabeth von Oettingen mit der Kriegsmedaille des Roten Kreuzes ausgezeichnet.[19]

---

16 Eine Mitgliederliste des Kriegsausschusses in: UAD, 8/ 4, 6.
17 Walter von Oettingen erwähnt in seinen Lebenserinnerungen eine Sondererlaubnis, erteilt durch den Generalstabsarzt der deutschen Armee, Otto von Schjerning. Vgl. UAD, 8/ 4, 126, S. 21.
18 Senftleben, Eduard [u.a.] (Hg.): Unter dem Roten Kreuz im Weltkriege, Berlin, 1934, S. 268.
19 Vgl. einen Brief des Kriegsausschusses an Walter von Oettingen in: UAD, 8/ 4, 6.

Am 31. Mai 1918 wird der Lazarettzug in Guise von französischen Fliegern angegriffen, teilweise zerstört und in Berlin repariert, um danach u.a. der Evakuation französischer Zivilbevölkerung in die Schweiz zu dienen.[20]

Erst 1918 folgt der militärische Einzug Walter von Oettingens als Militärkrankenwärter und bereits 1919 wird er aus dem Militärdienst entlassen.

1919-1922

Von 1919 bis 1922 verfolgt Walter von Oettingen mehrere Tätigkeiten. So praktiziert er als Betriebsarzt bei der AOK Darmstadt, leitet zwei Lazarette in Auerbach und fungiert als beratender Chirurg in Bensheim, Lorsch und Heppenheim.

1922-1934

Aufgrund der schlechten wirtschaftlichen Lage in Deutschland bricht Walter von Oettingen mit seiner Frau Elisabeth und seinem Sohn Eberhard im Dezember 1922 nach Rio Grande do Sul, dem südlichsten Bundesstaat Brasiliens auf, um dort als Arzt zu praktizieren. Bis 1935 halten sich Walter von Oettingen und seine Frau mit kurzen Unterbrechungen in Rio Grande do Sul auf, von 1922 bis 1925 in Santa Maria, von 1925 bis 1927 u.a. in der deutschen Kolonie Naometoque und von 1928-1934 in Sâo Leopoldo.

1927 erscheint in Deutschland sein Buch "Die Chirurgie des Land-, Schiffs-, und Kolonialarztes"[21].

1934 kehrten Walter und Elisabeth von Oettingen endgültig nach Deutschland zurück.

1935-1948

Walter von Oettingen lässt sich mit seiner Frau Elisabeth in Braunfels bei Wetzlar nieder, wo er u.a. seine brasilianischen Heilquellen-Forschungen verarbeitet.[22] Im Zweiten Weltkrieg arbeitet er als Chefarzt der Braunfelser Lazarette.

Am 5. April 1948 stirbt Walter von Oettingen im Alter von fünfundsiebzig Jahren in Braunfels.

Seine Frau Elisabeth stirbt am 11. Februar 1972 in Staufen i. Br. im Alter von 96 Jahren.

---

20 Senftleben, Unter dem Roten Kreuz, S. 270.

21 Oettingen, Walter von: Die Chirurgie des Land- Schiffs- und Kolonialarztes, Dresden [u.a.], 1928.

22 Oettingen, Walter von: Irahy oder Aguas do Mel. Ein brasilianisches „Teplitz", 1935 und Oettingen, Walter von: Denkschrift zur Lösung der Frage der Löslichkeit von Nierensteinen in heilquellenhaltigem Urin, 1939, UAD, 8/ 4, 127.

II.

Arthur von Oettingen (1836-1920)

Arthur von Oettingen, dessen Vater Alexander von Oettingen der Livländischen Ritterschaft angehörte,[23] lehrt von 1867 bis 1894 ordentlicher Professor der Physik an der im April 1802 als ritterschaftliche Anstalt gegründeten und im Dezember desselben Jahres durch den Zar Alexander I. verstaatlichten Universität in Dorpat.[24] Auch zwei seiner Brüder, Alexander (Theologie) und Georg (Chirurgie) bekleiden dort eine Professorenstelle.[25]

Vermutlich aufgrund der verstärkten Russifizierungspolitik Zars Alexander III. – die Universität Dorpat hatte schon 1884 ihre Autonomie verloren, und ab 1889 war nur noch der Staat ermächtigt, Prorektoren und Rektoren zu ernennen[26] – verlässt Arthur von Oettingen die Universität im Jahr 1894 und wird durch Vermittlung Friedrich Wilhelm Ostwalds[27] ordentlicher Honorarprofessor der Physik an der Universität Leipzig.

Bei "J. C. Poggendorf´s Biographisch-Literarischem Handwörterbuch zur Geschichte der exacten Wissenschaften" ist Arthur von Oettingen Mitherausgeber (Band III-V). Ab 1894 übernimmt er bei der von Wilhelm Ostwald begründeten Schriftenreihe "Ostwalds Klassiker der exacten Wissenschaften" die allgemeine Herausgabe für die nächsten siebenundzwanzig Jahre.

Im Rahmen seiner musiktheoretischen Studien erlangt Arthur von Oettingen besondere Beachtung durch seine Theorie zum musikalischen Dualismus.[28]

---

23 Vgl. zu den Baltischen Ritterschaften: Krusenstjern, Georg von: Die Landmarschälle und Landräte der Livländischen und der Öselschen Ritterschaft, Hamburg, 1963 und Neuschäffer, Hubertus: Die Vasallen und die späteren Angehörigen der baltischen Ritterschaften, in: Schlau, Wilfried (Hg.): Sozialgeschichte der baltischen Deutschen, Köln, 1997, S. 109-138.

24 Vgl. Gründungsdaten der Universität Dorpat bei: Wittram, Rainer: Baltische Geschichte, München, 1954, S. 170.

25 Zu der akademischen Rolle der Gebrüder von Oettingen, vgl.: Engelhardt, R. von: Die Gebrüder von Oettingen, in: Baltisches Geistesleben, 5./6. Heft, 1. Jg., 1929 und Wittram, Baltische Geschichte, S. 170-180.

26 Vgl.: Hagen, Manfred: Hochschulunruhen und Regierungspolitik im Russischen Reich vor 1914, in: Pistohlkurs Raun Kaegbein (Hg.): Die Universitäten Dorpat/Tartu, Riga und Wilna/Vilnius 1579-1979, Köln, [u.a.] 1987, S. 51-69.

27 Ostwald, Wilhelm Friedrich (1853-1932), Chemiker, Mitbegründer und Organisator der Physikalischen Chemie, beschäftige sich seit 1895 mit Energetik, seit 1901 mit Naturphilosophie und seit 1915 mit messender Farbenlehre. 1909 erhielt er den Nobelpreis für Chemie.

28 Oettingen, Arthur von: Harmoniesystem in dualer Entwickelung. Studien zur Theorie der Musik, Dorpat [u.a.], 1966 und 1913 unter dem Titel: Das duale Harmoniesystem.

III.

Die Kongruenz zwischen Gefechts- und Sanitätstaktik in Deutschland im Vorfeld des Ersten Weltkrieges

Der Russisch-Japanische Krieg als einer der ersten ‚modernen' Kriege des 20. Jahrhunderts stand wie kein anderer Konflikt der damaligen Zeit im Fokus des Interesses der europäischen Großmächte. Die Gründe für dieses Phänomen lagen vor allem darin, dass seit dem Deutsch-Französischen Konflikt 1870/71 keine der Großmächte mehr in einen großen Krieg verwickelt war.

So ging eine rasante waffentechnische (z. B. Entwicklung von Maschinengewehren, Einsatz von Telefon und Telegraf) und armeeorganisatorische (v.a. steigende Heereszahl) Entwicklung und Veränderung einher mit der Unmöglichkeit, die Auswirkungen dieser Entwicklungen praktisch zu studieren.

Der Russisch-Japanische Krieg bot den Kriegsplanern einen Ausweg aus diesem Dilemma. Zwei modern ausgerüstete Millionenheere operierten nach europäischen Grundsätzen auf einem ausgedehnten Schlachtfeld.

Eine große Anzahl Experten, Beobachter und Journalisten sowohl aus Russland und Japan als auch aus den neutralen westlichen Großmächten begleiteten den Krieg zu Land und zu Wasser, um Informationen über den Charakter einen künftigen Krieges zu sammeln.[29] Das große Interesse insbesondere auch der Medien kennzeichnet ebenfalls die Modernität dieses Krieges.

Kampfmoral und Patriotismus – das Bild des Soldaten aus der Sicht der westlichen Beobachter

Die Charakterisierungen der gegnerischen Armeen aus der Sicht der westlichen Beobachter waren zumeist geprägt von Stereotypen. Das Bild des russischen Soldaten – zwar gehorsam und ausdauernd, aufgrund seiner beschränkten Bildung und seines bäuerlichen Hintergrundes jedoch nicht zu viel Initiative fähig – traf auf die Beurteilung des japanischen Soldaten als zum Wohle seines Vaterlandes sich selbst opfernden

---

29 Als offizielle Militärbeobachter für Deutschland fungierten auf russischer Seite Major Eberhard von Tettau und auf japanischer Seite Fritz Bronsart von Schellendorff, Major und Bataillonskommandeur im Königin Elisabeth Garde-Grenadier-Regiment Nr. 3. Beide legten in umfangreichen Publikationen eine genauer Darstellung des Kriegsverlaufes dar. Vgl.: Bronsart von Schellendorf, Fritz: Einige Monate beim japanischen Feldheer, Berlin, 1906 und Tettau, Eberhard von: Der Russisch-japanische Krieg, Berlin, 1910-1912.

Helden.[30] Diese Betrachtungsweise führte dazu, dass abgesehen von der besseren japanischen Gefechtstaktik eine moralische Überlegenheit der Japaner über die Russen als maßgebender Faktor für den japanischen Sieg angesehen wurde.[31]

Der Schlieffenplan und die Doktrin des Angriffskrieges

Die militärstrategische Entwicklung des Deutschen Reiches nach dem Russisch-Japanischen Krieg wurde nachhaltig beeinflusst vom sogenannten „Schlieffenplan".

Im Januar 1906 übergab der in den Ruhestand tretende Chef des Generalstabes, Generalfeldmarschall Alfred von Schlieffen, seinem Nachfolger, dem jüngeren Moltke eine Studie, in der er einen detaillierten Plan der blitzkriegsartigen Vernichtung der französischen Truppen darlegte.[32]

Relevant für die Struktur des Plans war vor allem die Sichtweise Schlieffens der innen- und außenpolitischen Stabilität des Deutschen Reiches. Außenpolitisch zeichnete Schlieffen das Bild eines friedfertigen Deutschen Reiches umzingelt von kriegslüsternen Gegnern. Die Motive des Gegners reichten bei ihm vom englischen "Handelsneid" bis zu einer genetischen Disposition des Germanenhasses bei den Russen. Diese geradezu paranoide Angst vor den Absichten der potentiellen Gegner gipfelte in einen fatalistischen Glauben an die Unausweichlichkeit eines Krieges und auch in der Forderung des Erstschlages.[33]

Innenpolitisch stand der Schlieffenplan vor allem unter dem Bestreben der Stabilisierung des herrschenden Systems: In sozio-ökonomischer Hinsicht galt ein langer Krieg als nicht durchführbar aufgrund der nicht zu kalkulierenden sozialen und politischen Umwälzungen. Daraus ergab sich jedoch ein Dilemma: Die Erfahrungen aus dem Russisch-Japanischen Krieg hatten gezeigt, dass eine schnelle Vernichtung des Gegners aufgrund von hohen Verlusten bei Feldzugshandlungen und der zunehmenden Entfernung einer angreifenden Armee von der Heimat nicht möglich war.[34]

---

30 Vgl. die Beschreibung bei: Westwood, Russia against Japan, pp. 125f.

31 Storz, Dieter: Kriegsbild und Rüstung vor 1914. Europäische Landstreitkräfte vor dem Ersten Weltkrieg, Berlin [u.a.], 1992, S. 137-143. Vgl. neuerdings zum Friedrich-Mythos und der Aufopferungsmentalität in der preussisch-deutschen Militärtradition nach dem 1. Weltkrieg: Plassmann, Max: Sieg oder Untergang. Die preußisch-deutsche Armee im Kampf mit dem Schicksal, in: Luh, Jürgen [u.a.]: Preussen, Deutschland und Europa 1701-2002, Groningen, 2003, S. 399-427.

32 Vgl. kurzen Abriss des Schlieffenplans und seiner Auswirkungen auf die strategische Militärplanung des Deutschen Reiches bei: Förster, Stig: Der doppelte Militarismus, Stuttgart 1985, S. 158-171 und ausführlich: Ritter, Gerhard: Der Schlieffenplan. Kritik eines Mythos, München, 1956.

33 Förster, Militarismus, S. 161f.

34 Vgl. zum Kriegsbild in Deutschland nach dem Russisch-Japanischen Krieg: Müller, Christian: Anmerkungen zur Entwicklung von Kriegsbild und operativ-strategischem Szenario im preußisch-deutschem Heer vor dem Ersten Weltkrieg, in: Militärgeschichtliche Mitteilungen 7, (1998), S. 398-402.

Besonders anhand der japanischen Belagerung der russischen Festung Port Arthur durch die Japaner wurde deutlich, dass der Angriff auf stark befestigte Stellungen nur langwierig und unter Inkaufnahme hoher Verluste des Angreifenden zu realisieren war. Allein bei der vier Wochen dauernden Erstürmung des in Bezug auf Port Arthur strategisch wichtigen, von den Russen befestigten Hügels 203 im November/Dezember 1904, starben 10.000 russische und japanische Soldaten. Die achtmonatige Belagerung der Festung kostete 30.000 Russen und etwa doppelt so vielen Japanern das Leben.[35]

Eine weitere Schwierigkeit lag in der waffentechnischen Entwicklung selbst:

Trotz der Möglichkeit, im begrenzten Umfang die Wirkung moderner Waffensysteme im Burenkrieg oder im Russisch-Japanischen Krieg zu verfolgen, verursachte die Häufung revolutionärer rüstungstechnischer Entwicklungen mit ihren schwer vorhersehbaren Auswirkungen auf die Taktik gerade im letzten Jahrzehnt vor dem Ersten Weltkrieg große Unsicherheit.[36]

Durch die voluntaristische Überbewertung moralischer Faktoren und die Annahme, über die bessere Führungskunst zu verfügen, wurde dieser Widerspruch scheinbar aufgelöst.[37] Außerdem wurde die Übertragbarkeit außereuropäischer Konflikte auf die Situation in Europa bestritten.

Weiterhin glaubte man, dass Japan aufgrund seiner forcierten Offensivhandlungen den Krieg gewonnen hatte.

Die meisten Taktiker gingen davon aus, dass erfolgreiches Kriegführen nur in einer Offensive zu realisieren sei.[38] 1912 fasste Kaiser Wilhelm II. in einer Rede über die Ausrichtung der Unterrichtsanstalten im Militär alle diese Erwägungen, die Offensivideologie, sowie den unbedingten Siegeswillen als Motor für den Erfolg noch einmal zusammen: „Die Grundlage (für die taktische Besprechung) für jeden Erfolg bildet der unerschütterliche Wille zum Siege. An ihm muß die Führung festhalten... Das sicherste Mittel, den eigenen Willen dem Gegner aufzuzwingen ist und bleibt der Angriff... Scheu vor Verlusten darf niemals von der Durchführung eines einmal als richtig erkannten Entschlusses ablenken...“[39]

---

35 Warner, Denis / Warner, Peggy: The Tide at Sunrise. A History of the Russo-Japanese War 1904-05, London [u.a.], p. 446f..

36 Storz, Dieter: Die Schlacht der Zukunft. Die Vorbereitungen der Armeen Deutschlands und Frankreichs auf den Landkrieg des 20. Jahrhunderts, in: Michalka, Wolfgang (Hg.): Der Erste Weltkrieg, München, 1994, S. 257ff.

37 Müller, Kriegsbild, S. 400.

38 Ebd.

39 Zitiert nach: Bald, Detlev: Zum Kriegsbild der militärischen Führung im Kaiserreich, in: Dülffer, Jost/ Holl, Karl (Hg.): Bereit zum Krieg, Göttingen, 1986, S. 157.

Moderne Waffensysteme und Gefechtstaktik

Die Wahrnehmung des Russisch-Japanischen Krieges in Hinsicht auf die Wirkungen moderner Waffen auf die Bewegungen im Feld erfolgte in Deutschland wie auch in Frankreich unter dem selektiven Gesichtspunkt der Entsprechung des Dogmas eines schnellen Angriffs- und Bewegungskrieges. Das Potenzial des Maschinengewehres als positionierte, den Angreifer hemmende Verteidigungswaffe fand in gefechtstaktischen Erwägungen häufig nicht die gebührende Beachtung, es wurde als ‚Hilfsmittel' beschrieben, seine Effizienz manchmal geradezu bestritten.[40]

Sanitätstechnische und -taktische Überlegungen in Europa nach dem Russisch-Japanischen Krieg

In Großbritannien und den USA führte die Beobachtung des japanischen Kriegssanitätswesens zu einer Reformrhetorik, die die Beschaffenheit des Militärsanitätswesens als Gradmesser für die Beschaffenheit einer Nation begriff.[41] In der "Deutschen Militärärztlichen Zeitschrift" reagierte man auf den enthusiastischen Bericht des amerikanischen Majors L. Seaman[42] über die Erfolge des japanischen Kriegssanitätswesens vor allem in der Infektionsbekämpfung eher verhalten.[43] Positiv hervorgehoben wurde die japanische Organisation des Militärsanitätswesens als Nachbildung der deutschen.[44]

Auch deutsche Militärärzte wurden auf den Russisch-Japanischen Kriegsschauplatz entsandt, zumeist unter Vermittlung internationaler freiwilliger Hilfskomitees. Die Aufgabe der Mediziner bestand darin, die Wirkung moderner Geschosse auf den menschlichen Körper zu analysieren.

---

40 Vgl. MacKenzie, Scott P.: Willpower or Firepower? The Unlearned Military Lessons of the Russo-Japanese War, in: Wells, David / Wilson, Sandra (ed.): The Russo-Japanese War in Cultural Perspective, 1904-1905, p. 35. Vgl. allgemein über die politisch-ökonomischen Bedingungen der Entwicklung der Maschinenwaffe als innovatives Rüstungselement in der zweiten Hälfte des 19. Jahrhunderts: Wirtgen, Rolf: Zur Geschichte und Technik der automatischen Waffen im 19. Jahrhundert, in: Militär und Technik. Wechselbeziehungen zu Staat, Gesellschaft und Industrie im 19. und 20. Jahrhundert, Herford [u.a.], 1992, S. 99-123.

41 Vgl. dazu: Herrick, Claire: The conquest of the silent foe': British and American Military medical reform rhetoric and the Russo-Japanese war, in: Cooter, Roger, Harrison, Mark, Sturdy, Steve (ed.): Medicine and Modern warfare, Amsterdam, Atlanta, 1999, pp. 99-129.

42 Seaman, L.: Observations in the Russo-Japanese war, in: Journal of the association of military Surgeons of the United States, Band XVI, No. 1, January 1905.

43 Vgl. z. B. Körting: Vom Sanitätsdienst im Russisch-Japanischen Kriege, in: Deutsche Militärärztliche Zeitschrift, XXXXIV. Jahrgang, Heft 3, 1905, S. 242-246. Die japanische Infektionsbekämpfung betreffend verweist der Verfasser darauf, dass 1904 auch bei den Russen in der Mandschurei keine nennenswerten Epidemien auftraten.

44 Ebd., S. 246.

Die Wirkungen des Einsatzes moderner Waffen waren nicht nur für die Analyse der Bewegungen auf dem Schlachtfeld relevant, sondern auch für die Analyse der sich daraus ergebenden Verletzungen.[45] Berichte französischer und deutscher Militärärzte vom Russisch-Japanischen Kriegsschauplatz deuteten gerade unter den Bedingungen des Stellungskrieges auf die Zunahme kombinierter Verletzungen durch die Splitter der Sprenggranaten von Schnellfeuergeschütze und auf Verunreinigungen der Wunde durch Erdpartikel und Kleidungsstücke, also auf die Zunahme der Infektionsgefahr hin.[46]

Jedoch wurde mit wenigen Ausnahmen in der deutschen und internationalen Literatur an der "konservativen Wundbehandlung"[47] festgehalten.

Das lag nicht zuletzt neben der bis zu diesem Zeitpunkt insgesamt verhältnismäßig geringen Zahl der Verletzungen durch Artilleriegeschosse an der zuerst im Burenkrieg festgestellten und im Russisch-Japanischen Krieg scheinbar bestätigten Annahme, dass die modernen Infanteriegeschosse, insbesondere die von den Japanern verwendeten Patronen mit einem Kaliber von 6,5 mm, durch ihre geringe Neigung zu Gestaltveränderungen und ihrer großen Durchschlagskraft 'human' seien und einen günstigen Heilungsverlauf versprächen. Anfängliche Zweifel an dieser Deutung, vor allem hervorgebracht durch den Generalstabsarzt der Russischen Armee in der Mandschurei, R. v. Wreden,[48] wurden bald ausgeräumt.[49]

Als exemplarisch für das Unbehagen gegenüber einer aktiv-operativen Kriegschirurgie selbst bei schweren infektionsanfälligen Verletzungen kann die Rezeption der Be-

---

45 Über die Wirkungen des Einsatzes von Maschinengewehren seitens der Japaner, vgl. Kolmsee, Peter: Unter dem Zeichen des Äskulap. Eine Einführung in die Geschichte des Militärsanitätswesens von den frühesten Anfängen bis zum Ende des Ersten Weltkrieges, Bonn, 1997, S. 157.

46 Nach Berichten Nörregaards lag die Zahl der bei der Belagerung von Port Arthur durch Artilleriegeschosse verwundeten Soldaten der japanischen Armee im Juli/August 1904 bei über 20%. Vgl. Noerregaard, Benjamin W.: Die Belagerung von Port Arthur, Leipzig, 1906, S. 80.

47 Die „konservative Wundbehandlung" geht von der primären Sterilität einer durch ein Infanteriegeschoss verursachten Wunde aus. Einer Begründer dieser Behandlung war der berühmte Arzt Ernst von Bergmann (1836–1907), der während seiner Tätigkeit als beraten der Chirurg bei der Russischen Armee in der Balkankriegen 1877/78 große Erfolge mit der Behandlung von Knieschussverletzungen hatte.

48 „Die Frage, ob das kleinkalibrige Geschoß human ist, beantwortet sich mit ‚ja', wenn der Krieg im Sommer und in einem trockenen, nicht steinigen Gelände, fern von Felsen und Steingebäuden geführt wird, wenn Eingeweide und Blase vor der Schlacht entleert sind, und wenn den Kämpfenden verboten wird, bei einer Entfernung von unter 250 Schritt auf die Köpfe zu zielen." Zitiert nach: Deutsche Militärärztliche Zeitschrift, XXXV. Jahrgang, Heft 8, Berlin, 1906, S. 431.

49 Fischer, Hermann: Kriegschirurgische Rück- und Ausblicke vom asiatischen Kriegsschauplatze, Berlin, 1909, S. 87. Er betont, dass sich auch v. Wreden nun der vorherrschenden Meinung über die „Humanität" der Kleinkalibergeschosse angeschlossen habe.

handlung von penetrierenden Bauchschüssen gelten: Mehrere im Russisch-Japanischen Krieg tätige Chirurgen berichteten über den Erfolg der konservativen Behandlung der durch kleinkalibrige Mantelgeschosse verursachten Bauchschüsse und die relativ niedrige Mortalitätsrate.[50] Dass diese Beobachtungen häufig in rückwärtig gelegenen Feldlazaretten gemacht wurden, die Verwundung zumindest mehrere Tage zurücklag und die Mortalitätsrate der am Bauch Verwundeten in den Feldlazaretten erster Linie und auf den Verbandplätzen sehr hoch war, wurde zwar vermerkt,[51] zu einem sofortigen operativen Vorgehen jedoch nur in Einzelfällen geraten.[52] Zum allgemeinen Festhalten an der konservativen Behandlung der Bauchschüsse mögen auch Berichte über schlechte Erfahrungen mit der Laparotomie beigetragen haben: J.-J. Matignon, während des Krieges militärärztlicher Attaché bei der japanischen Armee, berichtete, dass selbst unter den stationären Bedingungen von Port Arthur, wo die Japaner auf Vorschlag des amerikanischen Chirurgen Senn ein eigenes Lazarett für Laparotomien eingerichtet hatten, ein operatives Vorgehen immer zu Misserfolgen führte.[53]

Demgemäß konstatierte Hermann Fischer: "Nur Optimisten unverbesserlicher Art können noch die Hoffnung auf eine wirksame Laparotomie auf dem Verbandplatze behalten."[54]

Walter von Oettingen zog aus seiner Tätigkeit als Chirurg für das Livländische Rote Kreuz im Russisch-Japanischen Krieg bei der Behandlung von Bauchschüssen den Schluss, dass die "konservative Wundbehandlung der Bauchschüsse nicht nur ihre Triumphe gefeiert hat, sondern voraussichtlich für alle Zukunft den Sieg behalten wird."[55]

---

50 Vgl. u.a.: Bornhaupt, Leo: Über die Bauchschüsse im russisch-japanischen Kriege 1904/05, in: Archiv für Klinische Chirurgie, 84. Band, Berlin, 1907, S. 629-720.

51 Hermann Fischer erwähnt kurz, dass in einigen Feldlazaretten kurz nach den Schlachten 4/5 der durch Bauchschuss Verwundeten starben. Vgl.: Fischer, Kriegschirurgische Rück- und Ausblicke, S. 125. Brentano, Leiter des für Russland bestimmten Vereinslazaretts des Deutschen Roten Kreuzes, bezifferte die Mortalitätsrate während seiner Tätigkeit in Charbin noch auf 35 %. Vgl.: Central-Comité der Deutschen Vereine vom Rothen Kreuz in Berlin (Hg.): Beiträge zur Kriegsheilkunde aus der Hilfstätigkeit der Deutschen Vereine vom Rothen Kreuz während des Russisch-Japanischen Krieges 1904-05, Leipzig, 1908, S. 96.

52 Bornhaupt riet zu einem frühzeitigen operativen Eingriff, falls das Projektil in der Wunde stecken geblieben war, bei inneren Blutungen und bei Verletzungen der Wand des Magen-Darmkanals. Bornhaupt, Bauchschüsse, S. 714.

53 Zitiert nach: Körting: Besprechungen, in: Deutsche Militärärztliche Zeitschrift, XXXVI. Jahrgang, Berlin, 1907, S. 284f. Vgl. auch: Graf, E.: Vorträge aus dem Gebiete der Militärmedizin, Jena, 1912, S.16.

54 Fischer, Kriegschirurgische Rück- und Ausblicke, S. 124.

55 Oettingen, Leitfaden, S. 266.

Dieser Optimismus sollte sich im Ersten Weltkrieg jedoch nicht bewahrheiten.[56]
Wurden im Deutsch-Französischen Krieg 1870/71 noch 91,6 % aller Verwundungen durch Gewehrschüsse verursacht, nahmen sie im Verlauf des Ersten Weltkrieges gegenüber denen durch Artilleriegeschosse verursachten fortlaufend ab,[57] so dass ein Armeearzt bei seiner Armee für die Monate April/Mai und August/September des Jahres 1917 die durch Artilleriegeschosse verursachten Verletzungen auf über 75 % bezifferte.[58]

Außerdem stellten sich neben schweren Verletzungen, wie Bauchschüsse und Knochenzersplitterungen auch viele durch glatte Gewehrschüsse verursachte, scheinbar leichte Verletzungen als hochgradig infektionsanfällig heraus, so dass unter der Dominanz der konservativen Wundbehandlung in Europa der Krieg mit einem "chirurgischen Fiasko"[59] begann.

Die konservative Wundbehandlung spielte ebenfalls eine Rolle bei der sanitätstaktischen Diskussion vor dem Ersten Weltkrieg und etablierte das Bild der chirurgischen Hilfe als "Verpackungs- und Versandmethode."[60]

Dementsprechend sollte sich die ärztliche Tätigkeit auf den Hauptverbandplätzen vor allem auf organisatorische Aufgaben beschränken: "Er [der Hauptverbandplatz, K.R.] wird der Ausgangspunkt der Krankenverteilung sein, die Sammel-, Erfrischungs- und Verpflegungsstelle für die Verwundeten der Division, die Kontroll- und Revisionsstation für die Verbände. Die ärztliche Abteilung der Sanitätskompanie wird die Aufgaben einer Transportbehörde haben; sie wird die Kranken-Transportkommission des Schlachtfeldes bilden."[61]

---

56 Vgl. allgemein über die kriegschirurgische Rezeption der Wirkung von Infanteriegeschossen insbesondere in Deutschland seit der zweiten Hälfte des 19. Jahrhunderts und während des Ersten Weltkrieges: Storz, Dieter: Über die Wirkung von Militärgewehren auf lebende Ziele, in: Theissen, Andrea (Hg.): Militärstadt Spandau. Zentrum der preussischen Waffenproduktion 1722 bis 1918, Berlin, 1998, S. 123-134.

57 In den ersten zweieinhalb Jahren des Krieges wurden auf deutscher Seite etwa 55 % der Verwundungen durch Infanteriegeschosse und 45 % durch Artilleriegeschosse verursacht. Die Zahl der durch Artillerieschüsse Gefallenen betrug ca. 60 %. Bei den Franzosen, die in ihren Verwundetenstatistiken zwischen Stellungskrieg von Ende 1914 bis 1917 und Bewegungskrieg ab 1918 unterscheiden, zeigt sich bis 1917 eine Bilanz von 76 % durch Artillerie verursachte Verwundungen und eine Abnahme auf 58 % ab 1918. Vgl.: Heeres-Sanitätsinspektion des Reichswehrministeriums (Bearb.): Sanitätsbericht über das Deutsche Heer im Weltkriege 1914/1918, Dritter Band, Berlin 1934, S. 71ff.

58 Ebd., S. 71.

59 Ganzoni, Nuot: Die Schussverletzung im Krieg, Bern [u.a.], 1975, S. 68.

60 Kolmsee, Äskulap, S. 160.

61 Schäfer, F.: Moderne Waffen und Kriegssanitätsdienst, in: Beihefte zum Militär-Wochenblatt, 1907, S. 111.

Auch Walter von Oettingen betonte in seinen Publikationen das Räumen des Schlachtfeldes, der Verbandplätze und der Lazarette von Verwundeten als die vorrangige Aufgabe des Kriegssanitätswesens.[62]

Die sanitätstaktischen Thesen der an der Diskussion beteiligten Chirurgen folgten im Wesentlichen der Sichtweise des Krieges als Offensivkrieg der schnellen Bewegung: So findet sich auch in kriegschirurgischen Publikationen häufig der Hinweis, dass die Ereignisse des Russisch-Japanischen Krieges nicht unbedingt auf einen möglichen europäischen Konflikt zu übertragen seien, was sich schon aus einem anderen taktischen Vorgehen europäischer Mächte ergebe.[63]

Diese Annahme führte jedoch zu einer Vernachlässigung der Sanitätstaktik im Falle eines Stellungskrieges.

Mit dem Bericht des Divisions- und Generalarztes Niebergall über den Einfluss moderner Bewaffnung im Jahr 1909, in dem er vor allem ausführlich darlegte, wie die Sanitätstaktik in einem schnellen Bewegungskrieg mit ständig vorschreitendem Angriff auszusehen hatte,[64] kam die sanitätstaktische Debatte zu einem vorläufigen Abschluss.[65]

Die Kriegsvorbereitungen verliefen in Hinsicht auf Gefechts- und Sanitätstaktik kongruent. Sowohl die Gefechts- als auch die meisten Sanitätstaktiker richteten ihre Planungen einseitig auf einen erwarteten Krieg der schnellen Offensivhandlungen aus und berücksichtigten die Lehren aus dem Russisch-Japanischen Krieg nur in den Punkten, die ihre eigenen Theorien stützten.

Die Beobachtung der Wirkung moderner Waffen wurde zwar gefordert, militärmedizinische Schlüsse daraus aber nicht abgeleitet, eine "zeitgemäße, aktiv-operativ agierende Feldchirurgie"[66] nicht erarbeitet.

---

62 Vgl. von Oettingen, Walter: Richtlinien für die kriegschirurgische Tätigkeit des Arztes auf den Verbandplätzen, Dresden und Leipzig, 1914.

63 Vgl. u.a. die sehr pointierte Abgrenzung bei Fischer: „Denn hier [in Europa, K.R.] stehen kriegsbereite, kampffrohe Heere einander schnell gegenüber, die sich bald und kräftig an die Kehle springen, und Führer, die durch eine kühne Offensive und rücksichtslose Ausnützung der Erfolge den Feind vernichten würden." Fischer, Kriegschirurgische Rück- und Ausblicke, S. 1.

64 Niebergall: Der Einfluß der modernen Bewaffnung auf die Sanitätstaktik, in: Deutsche Militärärztliche Zeitung, 38. Jg., Heft 7, 5. April, 1909, S. 265-274 und Dies., 38. Jg. Heft 8, S. 305-325.

65 Kolmsee, Äskulap, S. 162.

66 Kolmsee, Äskulap, S. 163.

IV.

Die deutsche Auswanderung nach Brasilien im 19. und 20. Jahrhundert[67]

Auswanderung entwickelte sich im Verlauf des 18. Jahrhunderts zu einer europäischen Massenbewegung.[68] Der im Zusammenhang mit der Bevölkerungsentwicklung des ausgehenden 18. Jahrhunderts durch das Missverhältnis zwischen Bevölkerungszahl und Verdienstmöglichkeiten entstehende Pauperismus, das allmähliche Verschwinden des traditionellen Handwerkes und die ungenügende Aufnahmefähigkeit von Arbeitskräften in die Industrie, sowie agrarische Krisen veranlassten auch in Deutschland viele Menschen, ihr Glück im überseeischen Ausland zu versuchen.

Einen Höhepunkt erreichte die deutsche Überseeauswanderung in den achtziger Jahren 19. Jahrhunderts, als im Zuge der Bevölkerungsvermehrung des Deutschen Reiches und der wirtschaftlichen Depression zwischen 1880 und 1890 1,5 Millionen Menschen auswanderten.

Im Zuge der Hyperinflation 1923 und der daraus resultierenden Angst vor Arbeitslosigkeit und Armut erfolgte ebenfalls eine bedeutende Auswanderungswelle aus Deutschland.

Trotz der vergleichsweise geringen Bedeutung deutscher Auswanderung nach Lateinamerika – der Großteil der Deutschen strebte in die USA – wanderte seit dem 17. Jahrhundert eine wachsende Zahl Europäer vor allem nach Brasilien und Argentinien aus.

Hervorstechend für die deutsche Auswanderung nach Lateinamerika ist ihre teilweise Abweichung gegenüber dem Gesamtverlauf der überseeischen Auswanderung: So war sie in den zwanziger Jahren des 19. Jahrhunderts – 1826 mit einem Anteil von 30% an der Gesamtauswanderung – erheblich größer als die Auswanderung in andere Überseegebiete.[69]

---

67 Vgl. v.a.: Brunn, Gerhard: Deutschland und Brasilien (1889-1914), Köln, 1971, Delhaes-Guenther, Dietrich von: Industrialisierung in Südbrasilien. Die deutsche Einwanderung und die Anfänge der Industrialisierung in Rio Grande do Sul, Köln [u.a.], 1973, Roche, Jean: La colonisation Allemand et le Rio Grande do sol, Paris, 1959.

68 Vgl. hierzu u.a.: Hansen, Christine: Die deutsche Auswanderung im 19. Jahrhundert – ein Mittel zur Lösung sozialer und sozialpolitischer Probleme?, in: Moltmann, Günter (Hg.): Deutsche Amerikaauswanderung im 19. Jahrhundert, Stuttgart, 1976, S. 11-19.

69 Bernecker, Walther L., Fischer, Thomas: Deutsche in Lateinamerika, in: Bade, Klaus J. (Hg.): Deutsche im Ausland - Fremde in Deutschland. Migration in Geschichte und Gegenwart, München, 1992, S. 198.

Während der Weimarer Republik zeigt sich eine periodische Rückläufigkeit der Auswanderung in die Vereinigten Staaten, gleichzeitig jedoch eine Zunahme der Einwanderung vor allem nach Brasilien.[70]

Dieser Umstand lässt sich nicht vollständig aus den Restriktionen der neuen Quotenregelung des nordamerikanischen Einwanderungssystems ab 1921 erklären. Neben der Diskrepanz zwischen strengen Einwanderungsgesetzen und ihrer flexiblen Anwendung in der Praxis sprachen auch die vordergründig beeindruckenden volkswirtschaftlichen Wachstumszahlen für Lateinamerika; die positive Einschätzung der lateinamerikanischen Märkte führte ebenfalls zu einem verstärkten privatwirtschaftlichen Investitionsengagement deutscher Firmen.[71]

Brasilien und die Frage der Einwanderung

Die brasilianische Regierung zeigte zwar über politische Veränderungen im Inland hinweg Interesse an europäischer Einwanderung, dieser Umstand äußerte sich jedoch nicht in kontinuierlicher und konsequenter staatlicher Einwanderungspolitik. Tatsächlich verlief sie in verschiedenen – von der wirtschaftlichen Lage und der Haltung der Regierenden abhängigen – Etappen: Tendenzen einer Einwanderungspolitik existierten seitens der monarchischen Regierung schon in den zwanziger Jahren des 19. Jahrhunderts.[72] Man hoffte auf die Ergänzung der extensiven, monokulturellen Plantagenwirtschaft durch selbständige Bauern und weiterhin auf eine allmähliche Umstrukturierung der brasilianischen Gesellschaft; vor allem jedoch auf die Erschließung des Binnenlandes im Süden, wofür auch das subtropische, europäischen Verhältnissen am ehesten ähnliche Klima sprach. Zu diesem Zweck wurden in der ersten Phase weitreichende vertragliche Zugeständnisse, wie freie Überfahrt, Unterbringung bei der Ankunft, landwirtschaftliche Hilfsmittel, finanzielle Starthilfen und Steuerfreiheit an potenzielle Siedler gemacht. In diesem Umfeld entstanden hauptsächlich in Südbrasilien im Zeitraum von

---

70 1921 strebten über 30 % der deutschen Einwanderer nach Brasilien, 1924 betrug ihr Anteil sogar 36 %. Vgl.: Bickelmann, Hartmut: Deutsche Überseeauswanderung in der Weimarer Zeit, Wiesbaden, 1980, S. 150.

71 Rinke, Stefan: Deutsche Lateinamerikapolitik, 1918-1933: Modernisierungsansätze im Zeichen transnationaler Beziehungen, in: Jahrbuch für Geschichte von Staat, Wirtschaft und Gesellschaft Lateinamerikas [JbLA], Köln [u.a.], Bd. 34, 1997, S. 362.

72 Vgl. ausführlich zu den einwanderungspolitischen Maßnahmen während des brasilianischen Kaiserreiches: Brunn, Gerhard: Die Bedeutung von Einwanderung und Kolonisation im brasilianischen Kaiserreich (1818-1889), in: JbLA, Bd. 9, 1972, S. 287-318.

1824 bis 1828 die ersten deutschen Kolonien[73]: São Leopoldo[74] in Rio Grande do Sul, wo der größte Teil der ersten Kolonisten angesiedelt wurde, São Pedro de Alcantara in der Provinz Santa Catarina und São Paulo am Rio Negro bei Paranguá.

Die allmähliche kapitalistische Umwandlung der Plantagenwirtschaft und insbesondere die Abschaffung der Sklaverei (1888) und die daraus resultierende drastische Verschärfung des Arbeitsplatzmangels auf dem Lande, führte zu einer forcierten Bemühung vor allem um Landarbeiter, die hauptsächlich aus Italien einwanderten.

Die Maßnahmen der Einwanderungspolitik der neunziger Jahre des 19. Jahrhunderts im Zusammenhang mit der Wirtschaftspolitik der provisorischen republikanischen Bundesregierung, die zu der höchsten jemals erreichten Einwanderung nach Brasilien führte, bestanden v.a. aus einer verstärkten Subventionspolitik, wie die Bezahlung der Überfahrt für Bauernfamilien und die Offerierung von Prämien für Schifffahrtsgesellschaften. Nach der Dezentralisierung der Einwanderungsfragen im Jahr 1896 und dem Rückgang der Einwanderungszahlen in den folgenden zehn Jahren überführte die brasilianische Zentralregierung die Einwanderungsregelung 1907 wieder in ihren Zuständigkeitsbereich, was bis zum Ausbruch des Ersten Weltkrieges zu einem kontinuierlichem Anstieg der Einwanderungszahlen führte.

Nach dem Ersten Weltkrieg hob Brasilien als einer der ersten der ehemaligen Kriegsgegner Deutschland die Sperre für deutsche Einwanderer bereits im September 1919 auf, erließ aber gleichzeitig ein an der Einwanderungspolitik der USA orientiertes restriktives Einwanderungsgesetz, das gegen Ende des Jahres 1924 abgemildert wurde.[75] Mit der Weltwirtschaftskrise zu Beginn der dreißiger Jahre und den darauf folgenden weltweiten Einwanderungsrestriktionen, kam auch die Einwanderung nach Brasilien zum Erliegen.

Lebensverhältnisse deutscher Kolonisten in Brasilien und die deutsche Auswanderungspolitik

Nach der ersten erfolgreichen Kolonisation in Brasilien in den zwanziger Jahren des 19. Jahrhunderts wanderten erst ab 1842 durch Werbung für Brasilien wieder verstärkt Familien ein, deren Ansiedlung jedoch durch mangelnde Organisation und Fürsorge scheiterte. Trotz einiger erfolgreicher privater Siedlungsunternehmen, wie z.B. die vom „Hamburger Kolonisationsverein von 1849" gegründete Kolonie Dona Francisca in der

---

73 Die Definition von „Kolonie" meint in diesem Zusammenhang die Ansiedlung von Fremden in einem Gastland in geschlossenen, sprachlich und kulturell von der Landeskultur unterschiedenen Gruppen.

74 Kaiser Pedro I. stellte der Kolonie São Leopoldo Land zur Verfügung und gewährte ihr Kultusfreiheit und einige bürgerliche Rechte. Bernecker und Fischer, Deutsche in Lateinamerika, S. 200.

75 Die USA ließen ab 1921 wieder deutsche Einwanderer zu, 1922/23 folgte Kanada, Ende 1925 Australien und Neuseeland. Vgl. Bickelmann, Deutsche Überseeauswanderung, S. 40f.

südbrasilianischen Provinz Santa Catharina mehrten sich die agitatorischen Maßnahmen gegen deutsche Übersiedlung nach Brasilien, was 1859 im „Heydt'schen Reskript" gipfelte. Diese nach dem preussischen Innenminister benannte Verordnung, die fast vierzig Jahre in Kraft blieb, verfügte die Aufhebung der Konzessionen für Auswandereragenten, die für Brasilien warben und die Verweigerung der Erteilung neuer Konzessionen – eine Maßnahme, die jedoch die Auswanderung nach Brasilien nur unvollkommen verhinderte.[76]

Trotz des allmählichen wirtschaftlichen, sozialen und infrastukturellen Prosperierens deutscher Siedlungen gestaltete sich ein neuer Existenzaufbau für potenzielle Siedler schwierig. Neben den harten Lebensbedingungen, geringer Starthilfen und fehlender Infrastruktur trugen auch die fehlenden Absatzmärkte für die produzierten Waren zu einer Stagnation vieler Siedlungsprojekte bei.[77]

Insgesamt entwickelte sich Brasilien zu keinem Zeitpunkt zu einem bedeutenden deutschen Auswanderungsziel. Neben der deutlich größeren Attraktivität der USA verhinderten die im "Heydt'schen Reskript" und in amtlichen Warnungen ausgedrückten Vorbehalte gegen das Einwanderungsland Brasilien auf deutscher und eine nicht kontinuierlich verlaufende Einwanderungspolitik auf brasilianischer Seite, die auch im subtropischen Bereich gewöhnungsbedürftigen Klimaverhältnisse und Berichte über gescheiterte Siedlungsprojekte und übervorteilte Siedler eine deutsche Masseneinwanderung nach Brasilien.[78]

Auch der in der ersten Hälfte der zwanziger Jahre des 20. Jahrhunderts bedeutende deutsche Einwanderungsstrom nach Brasilien kam relativ schnell zum Erliegen. Begrenzte Siedlungsmöglichkeiten, hohe Arbeitslosigkeit in den Städten und die Tatsache, dass die meisten Siedlungsgesellschaften in Deutschland ihre Tätigkeiten eingestellt hatten, führten im Verlauf der zweiten Hälfte der zwanziger Jahre zu einem starken Rückgang der Einwanderungszahlen.[79]

Assimilation und Deutschtum

Die ersten deutschen Siedlungen waren in abgeschiedenen Waldgebieten entstanden; die Siedler hielten weder Sklaven, noch hatten sie Kontakt zu den Feudalherren der Viehzuchtregion im Süden der Provinz. So schienen die ländlichen deutschen Kolonien im Landesinneren bis in die dreißiger Jahre des 20. Jahrhunderts „direkte Verpflanzungen hunsrückischer und ostpreußischer Dörfer in die brasilianische Wildnis"[80] zu sein.

---

76 Brunn, Deutschland und Brasilien, S. 8f.
77 Delhaes-Guenther, Südbrasilien, S. 91f.
78 Bernecker und Fischer, Deutsche in Lateinamerika S. 205.
79 Bickelmann, Deutsche Überseeauswanderung, S. 46.
80 Bartelt, Dawid: ‚Fünfte Kolonne' ohne Plan. Die Auslandsorganisation der NSDAP in Brasilien, 1931-1939, in: Ibero-Amerikanisches Archiv, NF, Jg. 19, H 1, 1993, S. 18.

Dementsprechend wurde im Verlauf der expansionistischen Diskussion in den achtziger und neunziger Jahren des 19. Jahrhunderts eine Umleitung der Auswanderung von Nord- nach Südamerika zur Bewahrung deutscher Nationalität und zur Errichtung eines indirekten deutschen Herrschaftsraumes gefordert. Diese Bemühungen erwiesen sich jedoch als illusionär, in Bezug auf die zu diesem Zeitpunkt günstigen wirtschaftlichen Beziehungen zwischen Deutschland und Brasilien sogar als kontraproduktiv, da sie generelle brasilianische Vorbehalte gegen deutsche Einwanderung schürten und maßgeblich zu einer Verschlechterung des Verhältnisses zwischen Teuto- und Luso-Brasilianern beitrugen.

In der Weimarer Republik zählten durch die Beschränkung der offiziellen deutschen Außenpolitik aus Rücksichtnahme gegenüber den USA vor allem informelle Beziehungen zu Lateinamerika, als dessen Träger die Auslandsdeutschen in Frage kamen. Als Garanten der Bewahrung deutscher kultureller Identität zeichneten sich vor allem die auslandsdeutschen Volksbünde und die hauptsächlich protestantischen Kirchen aus. Die wichtigste Stütze der Deutschtumspolitik waren deutschsprachige Schulen, deren Zahl sich im Zeitraum von 1913 (713) bis 1930 (1435) verdoppelte.[81] Doch eine effektive Deutschtumspolitik konnte nicht installiert werden. Neben der generellen Ambivalenz der Deutschtumsförderung, die sich nicht dem Verdacht machtpolitischer Hintergedanken aussetzen wollte, waren es vor allem soziale, politische und kulturelle Differenzen – die wirtschaftliche Dominanz der der Weimarer Republik größtenteils ablehnend gegenüberstehenden teuto-brasilianischen Oberschichten etwa – die die viel beschworene Einheit aller Auslandsdeutschen in Lateinamerika als Trugbild entlarvten.[82]

---

81 Rinke, Deutsche Lateinamerikapolitik, S. 371.
82 Ebd., S. 372.

V.

Charakterisierung der Glasplatten (Inhalt, Laufzeit)

Der Glasplattennachlass Walter und Elisabeth von Oettingens umfasst 640 teilweise kolorierte Glasplattennegative und -positive in fünf verschiedenen Größen, wahrscheinlich entstanden in einem Zeitraum von einunddreißig Jahren (geschätzt: 1887-1918).

Neben Familienfotos und Reisebildern wird vor allem die Tätigkeit des Ehepaars von Oettingen für das Livländische bzw. Deutsche Rote Kreuz im Russisch-Japanischen Krieg und im Ersten Weltkrieg dokumentiert.

Einige der kolorierten Glasplattenpositive sind Bestandteil eines Lichtbildvortrags über die Tätigkeit des Livländischen Roten Kreuzes im Russisch-Japanischen Krieg, den Walther und Elisabeth von Oettingen vor mehreren Vereinen in Berlin und Umgebung hielten. Die kolorierten Glasplatten stammen ausschließlich aus der Zeit des Russisch-Japanischen Krieges.

Russisch-Japanischer Krieg

Die 204 während des Russisch-Japanischen Krieges aufgenommenen Fotos zeigen neben einigen Haltestationen der Transsibirischen Eisenbahn russisches Militärwesen und Szenen aus dem Alltagsleben der zivilen Land- und Stadtbevölkerung in Sibirien und China und ihre Berührungspunkte mit zumeist russischem Militär. Außerdem wird die Tätigkeit des Livländischen Feldlazaretts dokumentiert (Desinfektion, Behandlung und Unterbringung Verwundeter, Transportmittel zu Beförderung Verwundeter). Ferner finden sich einige Fotos vom Kriegsschauplatz bei Mukden: gefallene Soldaten und die Errichtung von Massengräbern.

Erster Weltkrieg

Der zahlenmäßig bedeutendste Anteil Glasplattennegative umfasst 307 Aufnahmen aus dem Ersten Weltkrieg. Hier findet sich eine ausführliche fotografische Dokumentation des Vereins-Lazarettzuges L, von der Innenstruktur, der Zugbesatzung und der Darstellung des Verwundetentransports, bis hin zu den Einsatzorten, den zivilen Besuchern, der Begegnung mit Militär und der Zerstörung eines Teil des Zuges durch französische Flieger. Daneben gibt es Aufnahmen, aus denen man indirekt die Einsatzorte des Lazarettzuges erschließen kann: Stadtpanoramen und Sehenswürdigkeiten, Alltagsszenen aus dem Leben der Zivilbevölkerung, deutsches Militärwesen (vorwiegend in Frankreich) und Bombenschäden an Häusern und Brücken.

Ein kleiner Teil der Glasplatten zeigt die Aufenthaltsorte der vier Kinder des Ehepaars von Oettingen, Eberhard, Peter, Agnes, Cecilie, zum einen die Odenwaldschule in Ober-Hambach und zum anderen Eisenach, der Wohnort der Eltern Elisabeth von Oettingens.

Bedeutung der von Walter von Oettingen verwendeten Abkürzungen in den Vorsignaturen

Vorbemerkung: Soweit sich die auf den Fotos gezeigten Orte eindeutig ermitteln ließen, wurde entweder die aktuell gültige geografische Bezeichnung neben der historischen in Klammern eingefügt, oder auf die historische Bezeichnung zugunsten der aktuellen verzichtet. Bei nicht eindeutiger Ortsermittlung findet sich ein Hinweis auf die historische geografische Ortsbezeichnung (Deutschland: Deutsches Reich mit den Grenzen bis 1918, Russland: Zarenreich bis zur Russischen Revolution 1917, Österreich-Ungarn: Die k.u.k. Monarchie mit ihren Grenzen bis 1918)

Abkürzung	Bedeutung	Anz.	LZ	Inhalt
D.	Deutschland	101	1. WK	Familienfotos, Sehenswürdigkeiten, Stadt- und Landschaftspanoramen, Sanitätswesen
Z.	Zug (Lazarettzug L)	76	1. WK	Außen- und Innenansicht des Lazarettzuges L, Zugbesatzung, Sanitätswesen (auch innerhalb L)
OeU.	Österreich-Ungarn	52	1. WK	Einsatzorte des Lazarettzuges L in Österreich-Ungarn
F. /Fr.	Frankreich	46	1. WK	Einsatzorte des Lazarettzuges L in Frankreich und Belgien
Negativ No.		203	1888-1908	Estland, Studienzeit, Tätigkeit als Schiffsarzt und Volontärassistent, Russisch-Japanischer Krieg, Reisen, Familienfotos
R.	Russland	18	1. WK	Stadtansichten Vilnius (Litauen), Bahnhof von Zawiercie, Polen u.ä.

VI.

Literaturliste

Familie von Oettingen (Primär- und Sekundärliteratur)

Publikationen Walter von Oettingens (Auswahl)

- Oettingen, Walter von: Studien auf dem Gebiete des Kriegs-Sanitätswesens im russisch-japanischen Kriege 1904/1905, Berlin, 1907.
- Oettingen, Walter von: Leitfaden der Praktischen Kriegschirurgie, Dresden [u.a.], 1914.
- Oettingen, Walter von: Richtlinien für die kriegschirurgische Tätigkeit des Arztes auf den Verbandplätzen, Dresden und Leipzig, 1914.
- Oettingen, Walter von: Die Chirurgie des Land- Schiffs- und Kolonialarztes, Dresden [u.a.], 1928.

Publikationen Elisabeth von Oettingens

- Oettingen, Elisabeth von: Unter dem Roten Kreuz im Russisch-Japanischen Kriege, Leipzig, 1905.

Publikationen Arthur von Oettingens (Auswahl)

- Oettingen, Arthur von: Harmoniesystem in dualer Entwickelung, Studien zur Theorie der Musik, Dorpat und Leipzig, 1966 und 1913 unter dem Titel: Das duale Harmoniesystem.
- Galilei, Galileo, Oettingen, Arthur von (Hg.): Unterredungen und mathematische Demonstrationen über zwei neue Wissenszweige, die Mechanik und die Fallgesetze betreffend, Leipzig, 1891.

Über die Familie von Oettingen (Auswahl)

- Brennsohn, Isidorus: Die Aerzte Livlands von den ältesten Zeiten bis zur Gegenwart, Riga, 1905, S. 306. [Walter von Oettingen]
- Album Livonorum, Lübeck, 1972, S. 356. [Walter von Oettingen]
- Oettingen, Arthur von (Hg.): J. C. Poggendorff's biographisch-literarisches Handwörterbuch zur Geschichte der exacten Wissenschaften, Band IV. (1883-1904), Teil 2, Leipzig, 1904, S. 1093. [Walter von Oettingen]
- Lenz, Wilhelm (Hg.): Deutschbaltisches Biographisches Lexikon, Köln, Wien, 1970, S. 556. [u. a. Arthur von Oettingen]
- Engelhardt, R. von: Die Gebrüder von Oettingen, in: Baltisches Geistesleben, 5./6. Heft, 1. Jg., 1929. [Arthur, Georg und Alexander von Oettingen]

Sonstige Sekundärliteratur

Baltikum

- Pistohlkurs / Raun / Kaegbein (Hg.): Die Universitäten Dorpat/Tartu, Riga und Wilna/Vilnius 1579-1979, Köln, Wien, 1987.
- Krusenstjern, Georg von: Die Landmarschälle und Landräte der Livländischen und der Öselschen Ritterschaft, Hamburg, 1963.
- Schlau, Wilfried (Hg.): Sozialgeschichte der baltischen Deutschen, Köln, 1997.
- Wittram, Rainer: Baltische Geschichte, München, 1954.

Russisch-Japanischer Krieg

- Bronsart von Schellendorf, Fritz: Einige Monate beim japanischen Feldheer, Berlin, 1906.
- Noerregaard, Benjamin W: Die Belagerung von Port Arthur, Leipzig, 1906.
- Tettau, Eberhard von: Der Russisch-japanische Krieg, Berlin, 1910-1912.
- Warner, Denis / Warner, Peggy: The tide at sunrise. A history of the Russo-Japanese war, London [u.a.], 1975.
- Wells, David / Wilson, Sandra (ed.): The Russo-Japanese war in cultural perspective, Basingstoke [u.a.], 1999.
- Westwood, J. N.: Russia against Japan 1904-1905, London, 1986.

Militärgeschichte

- Dülffer, Jost / Holl, Karl (Hg.): Bereit zum Krieg, Göttingen, 1986.
- Förster, Stig: Der doppelte Militarismus. Die Deutsche Heeresrüstungspolitik zwischen Status-Quo-Sicherung und Aggression 1890-1913, Stuttgart 1985.
- Müller, Christian: Anmerkungen zur Entwicklung von Kriegsbild und operativ-strategischem Szenario im preussisch-deutschem Heer vor dem Ersten Weltkrieg, in: Militärgeschichtliche Mitteilungen, 57, Heft 2, 1998, S. 385-442.
- Plassmann, Max: Sieg oder Untergang. Die preußisch-deutsche Armee im Kampf mit dem Schicksal, in: Luh, Jürgen [u.a.] (Hg.): Preussen, Deutschland und Europa 1701-2002, Groningen, 2003, S. 399-427.
- Ritter, Gerhard: Der Schlieffenplan. Kritik eines Mythos, München, 1956.
- Storz, Dieter: Kriegsbild und Rüstung vor 1914. Europäische Landstreitkräfte vor dem Ersten Weltkrieg, Berlin [u.a.], 1992.
- Ders.: Die Schlacht der Zukunft. Die Vorbereitungen der Armeen Deutschlands und Frankreichs auf den Landkrieg des 20. Jahrhunderts, in: Michal-

ka, Wolfgang (Hg.): Der Erste Weltkrieg, München, 1994, S. 252-279.

- Wirtgen, Rolf: Zur Geschichte und Technik der automatischen Waffen im 19. Jahrhundert, in: Militär und Technik. Wechselbeziehungen zu Staat, Gesellschaft und Industrie im 19. und 20. Jahrhundert, Herford [u.a.], 1992, S. 99-123.

Sanitätswesen

- Bornhaupt, Leo: Über die Bauchschüsse im russisch-japanischen Kriege 1904/05, in: Archiv für Klinische Chirurgie, 84. Band, Berlin, 1907, S. 629-720.
- Central-Comité der Deutschen Vereine vom Rothen Kreuz in Berlin (Hg.): Beiträge zur Kriegsheilkunde aus der Hilfstätigkeit der Deutschen Vereine vom Rothen Kreuz während des Russisch-Japanischen Krieges 1904-05, Leipzig, 1908.
- Deutsche Militärärztliche Zeitschrift, XXXV. Jahrgang, Heft 8, Berlin, 1906.
- Fischer, Hermann: Kriegschirurgische Rück- und Ausblicke vom asiatischen Kriegsschauplatze, Berlin, 1909.
- Ganzoni, Nuot: Die Schussverletzung im Krieg, Bern [u.a.], 1975.
- Graf, E.: Vorträge aus dem Gebiete der Militärmedizin, Jena, 1912.
- Heeres-Sanitätsinspektion des Reichswehrministeriums (Bearb.): Sanitätsbericht über das Deutsche Heer im Weltkriege 1914/1918, 3 Bde., Berlin 1934-1938.
- Herrick, Claire: The conquest of the silent foe': British and American Military medical reform rhetoric and the Russo-Japanese war, in: Cooter, Roger, Harrison, Mark, Sturdy, Steve (ed.): Medicine and Modern warfare, Amsterdam, [u.a.], 1999, pp. 99-129.
- Kolmsee, Peter: Unter dem Zeichen des Äskulap, Bonn, 1997.
- Körting, B.: Besprechungen, in: Deutsche Militärärztliche Zeitschrift, XXXVI. Jahrgang, Berlin, 1907, S. 284f.
- Körting, B.: Vom Sanitätsdienst im Russisch-Japanischen Kriege, in: Deutsche Militärärztliche Zeitschrift, XXXXIV. Jahrgang, Heft 3, 1905, S. 242-246.
- Niebergall, C. Hugo: Der Einfluß der modernen Bewaffnung auf die Sanitätstaktik, in: Deutsche Militärärztliche Zeitschrift, 38. Jg., Heft 7, 5. April, 1909, S. 265-274 und Dies., 38. Jg. Heft 8, S. 305-325.
- Senftleben, Eduard [u.a.] (Hg.): Unter dem Roten Kreuz im Weltkriege, Berlin, 1934.
- Storz, Dieter: Über die Wirkung von Militärgewehren auf lebende Ziele, in: Theissen, Andrea (Hg.): Militärstadt Spandau. Zentrum der preussischen Waffenproduktion 1722 bis 1918, Berlin, 1998, S. 123-134.

Auswanderung

- Bartelt, Dawid: 'Fünfte Kolonne' ohne Plan. Die Auslandsorganisation der NSDAP in Brasilien, 1931-1939, in: Ibero-Amerikanisches Archiv, NF, Jg. 19, H 1, 1993, S. 3-37.
- Bernecker, Walther L. / Fischer, Thomas: Deutsche in Lateinamerika, in: Bade, Klaus J. (Hg.): Deutsche im Ausland - Fremde in Deutschland. Migration in Geschichte und Gegenwart, München, 1992, S. 197-214.
- Bickelmann, Hartmut: Deutsche Überseeauswanderung in der Weimarer Zeit, Wiesbaden, 1980.
- Brunn, Gerhard: Deutschland und Brasilien (1889-1914), Köln, 1971.
- Ders.: Die Bedeutung von Einwanderung und Kolonisation im brasilianischen Kaiserreich (1818-1889), in: JbLA, Bd. 9, 1972, S. 287-318.
- Delhaes-Guenther, Dietrich von: Industrialisierung in Südbrasilien. Die deutsche Einwanderung und die Anfänge der Industrialisierung in Rio Grande do Sul, Köln [u.a.], 1973.
- Hansen, Christine: Die deutsche Auswanderung im 19. Jahrhundert – ein Mittel zur Lösung sozialer und sozialpolitischer Probleme?, in: Moltmann, Günter (Hg.): Deutsche Amerikaauswanderung im 19. Jahrhundert, Stuttgart, 1976, S. 8-63.
- Rinke, Stefan: Deutsche Lateinamerikapolitik,1918-1933: Modernisierungsansätze im Zeichen transnationaler Beziehungen, in: JbLA, Bd. 34, 1997, S. 355-385.
- Roche, Jean: La colonisation Allemand et le Rio Grande do sol, Paris, 1959.

Sonstiges

- Brackmann, Karl: Fünfzig Jahre deutscher Afrikaschiffahrt, Berlin 1935.
- Duden. Wörterbuch geographischer Namen, Mannheim [u.a.], o. Jg.
- Gorys, Erhard: Litauen und Königsberg. Stadtkultur und historische Landschaften am Baltischen Meer, Köln, 1996.
- Hirsch, August (Hg.): Biographisches Lexikon der hervorragenden Ärzte aller Zeiten und Völker, Berlin [u.a.], 1929.
- Hootz, Reinhardt (Hg.): Kunstdenkmäler in Ungarn, Darmstadt, 1974.
- Hootz, Reinhardt (Hg.): Kunstdenkmäler Baltische Staaten, Leipzig, 1992.
- Mollow, Andrew / Turner, Pierre: Armee-Uniformen des Ersten Weltkrieges, München, 1978.
- Von zur Mühlen, Heinz (Hg.): Baltisches historisches Ortslexikon, Teil 1, Estland, Köln [u.a.], 1985.
- Von zur Mühlen, Heinz / Feldmann, Hans (Hg.): Baltisches historisches Ortslexikon, Teil 2, Lettland, Köln [u.a.], 1990.

Russisch-Japanischer Krieg

Vortrag Elisabeth v. Oettingens

Best. Nr. 618

Lfd. Nr. des Findbuchs: 1

Ankunft eines Lazarettzuges mit Verwundeten in Eho, China, vor dem Zug
Soldaten der russischen Armee und Zivilpersonen
(Bestandteil des Bildvortrags Elisabeth v. Oettingens)
o. Datum, geschätzt: 1904
Vorsignatur: 5
Format: 8,5*9,5   koloriert
Glasplatte etwas verschmutzt

Best. Nr. 621

Lfd. Nr. des Findbuchs: 2

Blick auf die transportable „Döckersche Baracke" des Livländischen Roten
Kreuzes in Eho, China
(Bestandteil des Bildvortrags Elisabeth v. Oettingens)
o. Datum, geschätzt: 1904
Vorsignatur: 8 (unten: 5)
Format: 8,5*9,5   koloriert

Best. Nr. 626

Lfd. Nr. des Findbuchs: 3

Blick auf eine „Erdhütte" (Unterkunft für Soldaten und Kranke) in Mukden,
China
(Bestandteil des Bildvortrags Elisabeth v. Oettingens)
o. Datum, geschätzt: 1904
Vorsignatur: 12 (?)
Format: 8,5*9,5   koloriert
Glasplatte etwas verschmutzt

Best. Nr. 623

Lfd. Nr. des Findbuchs: 4

Chinesische Wäscher und Plätter mit Elisabeth von Oettingen vor dem Wäschezelt des Livländischen Roten Kreuzes in Eho, China
(Bestandteil des Bildvortrags Elisabeth von Oettingens)
o. Datum, geschätzt: 1904
Vorsignatur: 10 (unten: 7)
Format: 8,5*9,5   koloriert
Glasplatte etwas verschmutzt

Best. Nr. 619

Lfd. Nr. des Findbuchs: 5

Chirurgischer Saal im Lazarett in Eho, China, im Vordergrund eine Krankenschwester des Roten Kreuzes („Schwester Juliane") mit einem verwundeten Trompeterjungen
(Bestandteil des Bildvortrags Elisabeth von Oettingens)
o. Datum, geschätzt: 5. August 1904
Vorsignatur: 6
Format: 8,5*9,5   koloriert
Glasplatte etwas verschmutzt

Best. Nr. 624

Lfd. Nr. des Findbuchs: 6

Elisabeth von Oettingen mit Rekonvaleszenten bei der Herstellung von Verbandszeug im Operationszimmer der „Döckerschen Baracke" in Eho, China
(Bestandteil des Bildvortrags Elisabeth v. Oettingens)
o. Datum, geschätzt: 1904
Vorsignatur: 11 (unten: 8)
Format: 8,5*9,5   koloriert
Glasplatte leicht gesplittert

Best. Nr. 620

Lfd. Nr. des Findbuchs: 7

Gruppenfoto mit Verwundeten mit Oberarmschüssen und einer Krankenschwester des Roten Kreuzes im Chirurgischen Saal des Lazaretts in Eho, China
(Bestandteil des Bildvortrags Elisabeth v. Oettingens)
o. Datum, geschätzt: 1904
Vorsignatur: 7 (unten: 8)
Format: 8,5*9,5   koloriert

Best. Nr. 615

Lfd. Nr. des Findbuchs: 8

Mitarbeiter des Livländischen Feldlazaretts auf dem Bahnsteig der Station Assekjewo, Russland, grüßen den in einem Zug vorbeifahrenden Vizeadmiral Skrydlow
(Bestandteil des Bildvortrags Elisabeth v. Oettingens)
o. Datum, geschätzt: April 1904
Vorsignatur: 2 (unten 1)
Format: 8,5*9,5   koloriert

Best. Nr. 630

Lfd. Nr. des Findbuchs: 9

Schlachtgelände bei Huan-schan, China
(Bestandteil des Bildvortrags Elisabeth von Oettingens)
o. Datum, geschätzt: 25. Oktober 1904
Vorsignatur: 17
Format: 8,5*9,5   koloriert
Glasplatte rechts unten gesplittert

Best. Nr. 632

Lfd. Nr. des Findbuchs: 10

Uniformierte bei der Beförderung Verwundeter auf Räderkarren in das Lazarett in Mukden, China
(Bestandteil des Bildvortrags Elisabeth von Oettingens)
o. Datum, geschätzt: 1904
Vorsignatur: 19 (unten: 15)
Format: 8,5*9,5   koloriert
Glasplatte etwas verschmutzt

Best. Nr. 622

Lfd. Nr. des Findbuchs: 11

Walter von Oettingen bei einer Operation in der „Döckerschen Baracke" in Eho, China, am Operationstisch neben drei Helfern auch Elisabeth von Oettingen
(Bestandteil des Bildvortrags Elisabeth v. Oettingens)
o. Datum, geschätzt: 1904
Vorsignatur: 9 (unten: 6)
Format: 8,5*9,5   koloriert
Glasplatte etwas verschmutzt

Best. Nr. 616

Lfd. Nr. des Findbuchs: 12

Zeltlager des Livländischen Roten Kreuzes neben den Bahngleisen in Urulga, Russland, vor den Zelten die Mitarbeiter
(Bestandteil des Bildvortrags Elisabeth v. Oettingens)
o. Datum, geschätzt: 1904
Vorsignatur: 3 (unten 2)
Format: 8,5*9,5   koloriert

Best. Nr. 625

Lfd. Nr. des Findbuchs: 13

Zwei russische Soldaten („Rekonvaleszenten") und ein chinesischer Helfer bei der Sterilisation von Verbandsstoff mit Hilfe des Desinfektors der Firma Lautenschläger in Eho, China
(Bestandteil des Bildvortrags Elisabeth v. Oettingens)
o. Datum, geschätzt: 1904
Vorsignatur: 12 (unten 9)
Format: 8,5*9,5   koloriert

Best. Nr. 582

Lfd. Nr. des Findbuchs: 14

Architektonischer Grundriss der Gebäude des Livländischen Feldlazaretts in Mukden, China?
(Nicht verwendeter Bestandteil des Bildvortrags Elisabeth von Oettingens)
o. Datum, geschätzt: Russisch-Japanischer Krieg
Vorsignatur: 44
Format: 16*12   Schwarz-weiß
Glasplatte etwas verschmutzt

Best. Nr. 629

Lfd. Nr. des Findbuchs: 15

Beförderung eines verwundeten russischen Soldaten auf einer „Flintentrage" bei Mukden, China
(Bestandteil des Bilvortrags Elisabeth von Oettingens)
o. Datum, geschätzt: Russisch-Japanischer Krieg
Vorsignatur: 16 (unten: 12)
Format: 8,5*9,5   koloriert
Glasplatte oben links gesplittert

Best. Nr. 639

Lfd. Nr. des Findbuchs: 16

Blick auf die Haupstraße der Stadt Mukden, China, auf der Straße viele Bewohner
(Nicht verwendeter Bestandteil des Bildvortrags Elisabeth von Oettingens)
o. Datum, geschätzt: Russisch-Japanischer Krieg
Vorsignatur: 11 (unten 10.)
Format: 8,5*9,5   koloriert
Glasplatte etwas verschmutzt

Best. Nr. 638

Lfd. Nr. des Findbuchs: 17

Dorf an der Transsibirischen Eisenbahn, im Hintergrund ein Lazarett des Roten Kreuzes (wahrsch. Urulga, Russland)
(Nicht verwendeter Bestandteil des Bildvortrags Elisabeth von Oettingens)
o. Datum, geschätzt: Russisch-Japanischer Krieg
Vorsignatur: 2
Format: 8,5*9,5   koloriert
Glasplatte mehrfach gesplittert

Best. Nr. 628

Lfd. Nr. des Findbuchs: 18

Russische Soldaten mit einer „Maultiertrage" (wahrsch. in Mukden, China)
(Bestandteil des Bildvortrags Elisabeth von Oettingens)
o. Datum, geschätzt: Russisch-Japanischer Krieg
Vorsignatur: 15 (unten: 11)
Format: 8,5*9,5   koloriert
Glasplatte leicht verschmutzt

Best. Nr. 627

Lfd. Nr. des Findbuchs: 19

„Finnischer Federwagen" des Roten Kreuzes mit Uniformierten und Walter von Oettingen vor einem Gebäude in Mukden, China
(Bestandteil des Bildvortrags Elisabeth von Oettingens)
o. Datum, geschätzt: 25. Februar 1905
Vorsignatur: 14 (unten: 13)
Format: 8,5*9,5   koloriert
Glasplatte etwas verschmutzt

Best. Nr. 634

Lfd. Nr. des Findbuchs: 20

„Totenschau" (zum Einsammeln der Erkennungsmarken) bei Mukden, China
(Bestandteil des Bildvortrags Elisabeth von Oettingens)
o. Datum, geschätzt: 1905
Vorsignatur: 22
Format: 8,5*9,5   koloriert
Glasplatte rechts leicht gesplittert

Best. Nr. 617

Lfd. Nr. des Findbuchs: 21

Blick auf eine Kaserne in Eho, China, das spätere Lazarett des Livländischen
Roten Kreuzes
(Bestandteil des Bildvortrags Elisabeth v. Oettingens)
o. Datum, geschätzt: 1905
Vorsignatur: 4 (unten: 3)
Format: 8,5*9,5   koloriert
Glasplatte etwas verschmutzt

Best. Nr. 637

Lfd. Nr. des Findbuchs: 22

Gruppe flüchtender russischer Soldaten bei der Rast in Tieling, China
(Bestandteil des Bildvortrags Elisabeth von Oettingens)
o. Datum, geschätzt: 1905
Vorsignatur: 35 (unten: 20)
Format: 8,5*9,5   koloriert
Glasplatte etwas verschmutzt

Best. Nr. 631

Lfd. Nr. des Findbuchs: 23

Laufgraben mit gefallenen Soldaten (meist Infanteristen) auf dem Schlachtfeld
von Mukden, China, neben dem Graben mehrere Leichen
(Bestandteil des Bildvortrags Elisabeth von Oettingens)
o. Datum, geschätzt: 1905
Vorsignatur: 18 (unten: 14)
Format: 8,5*9,5   koloriert

Best. Nr. 635

Lfd. Nr. des Findbuchs: 24

Massengräber in Mukden, China
(Bestandteil des Bildvortrags Elisabeth von Oettingens)
o. Datum, geschätzt: 1905
Vorsignatur: 20 (unten: 18)
Format: 8,5*9,5   koloriert
Glasplatte rechts gesplittert

Best. Nr. 633

Lfd. Nr. des Findbuchs: 25

Walter und Elisabeth von Oettingen bei der Auswahl der zu operierenden Ver-
wundeten vor der „Döckerschen Baracke" in Mukden, China
(Bestandteil des Bildvortrags Elisabeth von Oettingens)
o. Datum, geschätzt: 1905
Vorsignatur: 20 (unten: 16)
Format: 8,5*9,5   koloriert
Glasplatte etwas verschmutzt

Kriegsschauplatz

Best. Nr. 405

Lfd. Nr. des Findbuchs: 26

Gefangene Signalisten(?) und Soldaten der Russischen Armee in Mukden,
China
24. Oktober 1904
Vorsignatur: Negativ No. 183
Format: 18*13   Schwarz-weiß
Negativfolie an den Rändern leicht beschädigt

Best. Nr. 590

Lfd. Nr. des Findbuchs: 27

Schlachtgelände bei Huan-schan, China
o. Datum, geschätzt: 25. Oktober 1904
Vorsignatur: 35.
Format: 16*12   Schwarz-weiß
Glasplatte etwas verschmutzt

Best. Nr. 477

Lfd. Nr. des Findbuchs: 28

Schlachtgelände bei Huan-schan, China

25. Oktober 1904

Vorsignatur: Negativ No. 187

Format: 18*13   Schwarz-weiß

Negativfolie an den Rändern beschädigt

Best. Nr. 554

Lfd. Nr. des Findbuchs: 29

Blick auf die zerstörten Häuser einer Stadt am Meer

o. Datum, geschätzt: Russisch-Japanischer Krieg

Vorsignatur: Singatur nicht lesbar

Format: 16*12   Schwarz-weiß

Best. Nr. 565

Lfd. Nr. des Findbuchs: 30

Durch Schrapnells verursachte Vernichtung der Vorräte in Mukden, China

o. Datum, geschätzt: Russisch-Japanischer Krieg

Vorsignatur: 57.

Format: 16*12   Schwarz-weiß

Glasplatte etwas verschmutzt

Best. Nr. 594

Lfd. Nr. des Findbuchs: 31

Uniformierte und Zivilpersonen neben durch die Trümmer eines Gebäudes
blockierten Bahngleisen (Gegend wahrsch. China)

o. Datum, geschätzt: Russisch-Japanischer Krieg

Vorsignatur: 26.

Format: 16*12   Schwarz-weiß

Glasplatte etwas verschmutzt

Best. Nr. 595

Lfd. Nr. des Findbuchs: 32

Blick auf brennende Lazarette in Mukden, China

o. Datum, geschätzt: 1905

Vorsignatur: o. Signatur

Format: 16*12   Schwarz-weiß

Schutzglas abgelöst

Best. Nr. 636

Lfd. Nr. des Findbuchs: 33

Blick auf brennende Lazarette in Mukden, China
(Bestandteil des Bildvortrags Elisabeth von Oettingens)
o. Datum, geschätzt: 1905
Vorsignatur: 24
Format: 8,5*9,5   koloriert
Glasplatte etwas verschmutzt

Best. Nr. 468

Lfd. Nr. des Findbuchs: 34

Gruppe flüchtender russischer Soldaten bei ihrer Rast in Tieling, China
25. Februar 1905
Vorsignatur: Negativ No. 196
Format: 18*13   Schwarz-weiß
Negativfolie am unteren Rand leicht beschädigt

Best. Nr. 517

Lfd. Nr. des Findbuchs: 35

Laufgraben mit gefallenen Soldaten (meist Infanteristen) auf dem Schlachtfeld
von Mukden, China, neben dem Graben mehrere Leichen
o. Datum, geschätzt: 1905
Vorsignatur: 53.
Format: 12*9   Schwarz-weiß
Glasplatte rechts gesplittert

Best. Nr. 603

Lfd. Nr. des Findbuchs: 36

Laufgraben mit gefallenen Soldaten (meist Infanteristen) auf dem Schlachtfeld
von Mukden, China, neben dem Graben mehrere Leichen
o. Datum, geschätzt: 1905
Vorsignatur: 8
Format: 16*12   Schwarz-weiß
Glasplatte links unten und rechts oben gesplittert

Best. Nr. 518

Lfd. Nr. des Findbuchs: 37

    Massengräber in Mukden, China

    o. Datum, geschätzt: 1905

    Vorsignatur: o. Signatur

    Format: 12*9 Schwarz-weiß

    Glasplatte an den Ecken gesplittert, Schutzglas fehlt

Best. Nr. 467

Lfd. Nr. des Findbuchs: 38

    Zur Evakuierung bereiter Warenzug in Tieling, China, auf und neben dem
    Zug russische Uniformierte

    25. Februar 1905

    Vorsignatur: Negativ No. 192

    Format: 18*13 Schwarz-weiß

    Negativfolie an den Rändern leicht beschädigt

Best. Nr. 555

Lfd. Nr. des Findbuchs: 39

    Zur Evakuierung bereiter Warenzug in Tieling, China, auf und neben dem
    Zug russische Uniformierte und Zivilpersonen

    o. Datum, geschätzt: 25. Februar 1905

    Vorsignatur: 7

    Format: 16*12 Schwarz-weiß

    Glasplatte in der Mitte gesplittert

Best. Nr. 611

Lfd. Nr. des Findbuchs: 40

    Zur Evakuierung bereiter Warenzug in Tieling, China, auf und neben dem
    Zug russische Uniformierte

    o. Datum, geschätzt: 25. Februar 1905

    Vorsignatur: Signatur unleserlich

    Format: 16*12 Schwarz-weiß

    Schutzglas fehlt

Versorgungskolonnen

Best. Nr. 581

Lfd. Nr. des Findbuchs: 41

Mehrere Kutschen („Federwagen") bei den Gebäuden des Livländischen Feldlazaretts bei Mukden, China, vor den Kutschen Uniformierte
o. Datum, geschätzt: Russisch-Japanischer Krieg
Vorsignatur: 31
Format: 16*12   Schwarz-weiß
Glasplatte etwas verschmutzt

Best. Nr. 522

Lfd. Nr. des Findbuchs: 42

Ochsenkarren mit Uniformierten auf einer Straße, im Hintergrund die Häuser einer Stadt
o. Datum, geschätzt: Russisch-Japanischer Krieg
Vorsignatur: o. Signatur
Format: 16*12   Schwarz-weiß
Negativfolie leicht beschädigt, Schutzglas fehlt

Best. Nr. 550

Lfd. Nr. des Findbuchs: 43

Ochsentreck mit Uniformierten auf der Straße in der Nähe einer Stadt (Gegend wahrsch. Russland)
o. Datum, geschätzt: Russisch-Japanischer Krieg
Vorsignatur: 15
Format: 16*12   Schwarz-weiß
Glasplatte mehrfach gesplittert

Best. Nr. 537

Lfd. Nr. des Findbuchs: 44

Soldaten der russischen Armee in einem kleinen Zeltlager auf einer Wiese, rechts im Bild eine große Anzahl Ochsenkarren
o. Datum, geschätzt: Russisch-Japanischer Krieg
Vorsignatur: 8 (unten 7)
Format: 16*12   koloriert

Best. Nr. 607

Lfd. Nr. des Findbuchs: 45

Mehrere Kutschen („Federwagen") bei den Gebäuden des Livländischen Feld-
lazaretts bei Mukden, China, vor den Kutschen Uniformierte
o. Datum, geschätzt: 21. Februar 1905
Vorsignatur: o. Signatur
Format: 16*12   Schwarz-weiß
Schutzglas fehlt

Best. Nr. 473

Lfd. Nr. des Findbuchs: 46

Mehrere Kutschen („Federwagen") bei den Gebäuden des Livländischen Feld-
lazaretts bei Mukden, China, vor den Kutschen Uniformierte
21. Februar 1905
Vorsignatur: Negativ No. 192
Format: 18*13   Schwarz-weiß
Negativfolie leicht beschädigt

Alltagsszenen

Best. Nr. 111

Lfd. Nr. des Findbuchs: 47

Blick auf die überschwemmte Landschaft in Eho, China
6. September 1904
Vorsignatur: Negativ No. 120
Format: 18*13   Schwarz-weiß
Negativfolie an den Rändern leicht beschädigt

Best. Nr. 519

Lfd. Nr. des Findbuchs: 48

Blick auf Gebäude in China, im Hintergrund ein Fluss (Überschwemmung in
Eho?)
o. Datum, geschätzt: 1904
Vorsignatur: 15.
Format: 12*9   Schwarz-weiß.
Geklebter Rahmen löst sich ab

Best. Nr. 569

Lfd. Nr. des Findbuchs: 49

Der über die Ufer getretene Fluss Mudanzian bei Eho, China, links zwei Uniformierte in einem Kanu
o. Datum, geschätzt: 1904
Vorsignatur: 27
Format: 16*12   Schwarz-weiß
Glasplatte etwas verschmutzt

Best. Nr. 213

Lfd. Nr. des Findbuchs: 50

Ein „Kramladen" in Eho, China, vor dem Haus mehrere Zivilpersonen
5. September 1904
Vorsignatur: Negativ No. 138
Format: 18*13   Schwarz-weiß
Glasplatte leicht fleckig

Best. Nr. 212

Lfd. Nr. des Findbuchs: 51

Gruppe chinesischer Zivilpersonen in Eho, China, darunter die Verwandten des chinesischen Operationshelfers „Tschi-fu", ebenfalls im Bild Uniformierte und eine Krankenschwester des Roten Kreuzes
5. September 1904
Vorsignatur: Negativ No. 130
Format: 18*13   Schwarz-weiß
Glasplatte in der Mitte braunfleckig

Best. Nr. 412

Lfd. Nr. des Findbuchs: 52

Gruppenfoto mit Uniformierten in Mukden, China, darunter ein Chinese (Bildbeschriftung lautet: „Berühmte Gesellschaft", Namen schlecht lesbar), links im Bild Walter von Oettingen
28. Dezember 1904
Vorsignatur: Negativ No. 170
Format: 18*13   Schwarz-weiß
Glasplatte etwas verschmutzt

Best. Nr. 566

Lfd. Nr. des Findbuchs: 53

Gruppenfoto mit Uniformierten in Mukden, China, darunter ein Chinese,
links im Bild Walter von Oettingen
o. Datum, geschätzt: 28. Dezember 1904
Vorsignatur: o. Signatur
Format: 16*12   Schwarz-weiß
Glasplatte etwas verschmutzt

Best. Nr. 413

Lfd. Nr. des Findbuchs: 54

Gruppenfoto mit Uniformierten in Mukden, China, darunter ein Chinese
(Bildbeschriftung lautet: „Berühmtheiten", Namen schlecht lesbar) links im
Bild Walter von Oettingen
28. Dezember 1904
Vorsignatur: Negativ No. 169
Format: 18*13   Schwarz-weiß

Best. Nr. 104

Lfd. Nr. des Findbuchs: 55

Häuser in Eho, China (Bildbeschriftung lautet: „Chinesendorf"), im Hinter-
grund Zivilpersonen
5. September 1904
Vorsignatur: Negativ No. 137
Format: 18*13   Schwarz-weiß
Ein Stück der Glasplatte links unten abgesplittert

Best. Nr. 108

Lfd. Nr. des Findbuchs: 56

Hof in Eho, China nach einer Überschwemmung, rechts im Bild mehrere Per-
sonen inmitten von Trümmern
4. August 1904
Vorsignatur: Negativ No. 124
Format: 18*13   Schwarz-weiß
Negativfolie an den Rändern leicht beschädigt

Best. Nr. 105

Lfd. Nr. des Findbuchs: 57

Straße in Eho, China, links vorne im Bild Dorfbewohner, im Hintergrund
zwei Maultierreiter und zwei Uniformierte
5. September 1904
Vorsignatur: Negativ No. 136
Format: 18*13   Schwarz-weiß
Negativfolie am unteren Rand leicht beschädigt

Best. Nr. 585

Lfd. Nr. des Findbuchs: 58

Traditionelles Hochzeitsmahl bei den Burjaten in Transbaikalien, Russland
o. Datum, geschätzt: 1904
Vorsignatur: o. Signatur
Format: 16*12   Schwarz-weiß
Glasplatte etwas verschmutzt

Best. Nr. 591

Lfd. Nr. des Findbuchs: 59

Traditionelles Hochzeitsmahl bei den Burjaten in Transbaikalien, Russland
o. Datum, geschätzt: 1904
Vorsignatur: 14.
Format: 16*12   Schwarz-weiß
Glasplatte etwas verschmutzt

Best. Nr. 117

Lfd. Nr. des Findbuchs: 60

Traditionelles Hochzeitsmahl bei den Burjaten in Transbaikalien, Russland
(„Kreis der Frauen")
20. Juni 1904
Vorsignatur: Negativ No. 109
Format: 18*13   Schwarz-weiß

Best. Nr. 392

Lfd. Nr. des Findbuchs: 61

Traditionelles Hochzeitsmahl bei den Burjaten in Transbaikalien, Russland
20. Juni 1904
Vorsignatur: Negativ No. 105
Format: 18*13   Schwarz-weiß
Negativfolie am oberen Rand leicht beschädigt

Best. Nr. 571

Lfd. Nr. des Findbuchs: 62

Überschwemmung im Dorf Eho, China
o. Datum, geschätzt: 1904
Vorsignatur: 28
Format: 16*12   Schwarz-weiß
Glasplatte etwas verschmutzt

Best. Nr. 109

Lfd. Nr. des Findbuchs: 63

Zivilpersonen an einem Brunnen in Eho, China, im Hintergrund über-
schwemmte Straßen
4. August 1904
Vorsignatur: Negativ No. 123
Format: 18*13   Schwarz-weiß
Glasplatte an mehreren Stellen verfärbt

Best. Nr. 588

Lfd. Nr. des Findbuchs: 64

Zivilpersonen mit „Fudutunkas" (chinesische Mietsfuhrwerke) in Mukden,
China
o. Datum, geschätzt: 1904
Vorsignatur: 42
Format: 16*12   Schwarz-weiß
Negativfolie verblasst

Best. Nr. 576

Lfd. Nr. des Findbuchs: 65

Blick auf ein überschwemmtes Grundstück im Dorf Eho(?), China
o. Datum, geschätzt: Russisch-Japanischer Krieg
Vorsignatur: 29
Format: 16*12   Schwarz-weiß
Linke untere Ecke der Glasplatte abgesplittert, Rahmen löst sich ab

Best. Nr. 534

Lfd. Nr. des Findbuchs: 66

Blick auf einen von Häusern umsäumten Fluss (Gegend wahrsch. Russland), am Ufer des Flusses Zivilpersonen beim Wasser holen
o. Datum, geschätzt: Russisch-Japanischer Krieg
Vorsignatur: 6. (unten 5)
Format: 16*12   koloriert
Glasplatte links gesplittert

Best. Nr. 110

Lfd. Nr. des Findbuchs: 67

Der über die Ufer getretene Fluss Mudanzian bei Eho, China, links im Bild zwei Uniformierte in einem Kanu
4. August 1905 (wahrsch. Beschriftungsfehler, eher: 1904)
Vorsignatur: Negativ No. 121
Format: 18*13   Schwarz-weiß
Negativfolie an den Rändern leicht beschädigt

Best. Nr. 524

Lfd. Nr. des Findbuchs: 68

Feier mit Uniformierten und Zivilpersonen auf einer Straße
o. Datum, geschätzt: Russisch-Japanischer Krieg
Vorsignatur: 127
Format: 16*12   koloriert
Glasplatte gesplittert

Best. Nr. 523

Lfd. Nr. des Findbuchs: 69

Feier mit Zivilpersonen und Uniformierten auf einer Wiese
o. Datum, geschätzt: Russisch-Japanischer Krieg
Vorsignatur: 126
Format: 16*12   koloriert

Best. Nr. 538

Lfd. Nr. des Findbuchs: 70

Große Gruppe Zivilpersonen beim Einkaufen auf dem Marktplatz einer Stadt (Gegend wahrsch. Russland)
o. Datum, geschätzt: Russisch-Japanischer Krieg
Vorsignatur: 10
Format: 16*12   koloriert

Best. Nr. 573

Lfd. Nr. des Findbuchs: 71

Gruppenfoto mit Burjaten in Transbaikalien, Russland
o. Datum, geschätzt: Russisch-Japanischer Krieg
Vorsignatur: 13.
Format: 16*12   Schwarz-weiß
Glasplatte etwas verschmutzt

Best. Nr. 542

Lfd. Nr. des Findbuchs: 72

Gruppenfoto mit Sanitätern und einer Krankenschwester des Roten Kreuzes
sowie Uniformierten
o. Datum, geschätzt: Russisch-Japanischer Krieg
Vorsignatur: 37 (unten 28)
Format: 16*12   koloriert

Best. Nr. 562

Lfd. Nr. des Findbuchs: 73

Gruppenfoto mit Uniformierten und einigen Zivilpersonen an einem Esstisch
auf der überdachten Terrasse eines Hauses (Gegend wahrsch. China)
o. Datum, geschätzt: Russisch-Japanischer Krieg
Vorsignatur: 23.
Format: 16*12   Schwarz-weiß

Best. Nr. 580

Lfd. Nr. des Findbuchs: 74

Gruppenfoto mit Zivilpersonen (Männer, Frauen, Kinder), rechts im Bild ein
Zug, daneben ein Uniformierter (Gegend wahrsch. Russland)
o. Datum, geschätzt: Russisch-Japanischer Krieg
Vorsignatur: o. Signatur
Format: 16*12   Schwarz-weiß
Glasplatte etwas verschmutzt

Best. Nr. 545

Lfd. Nr. des Findbuchs: 75

Gruppenfoto u. a. mit Elisabeth von Oettingen an einem Tisch auf der Terrasse eines Hauses
o. Datum, geschätzt: Russisch-Japanischer Krieg
Vorsignatur: 40 (unten: 31.)
Format: 16*12   koloriert

Best. Nr. 539

Lfd. Nr. des Findbuchs: 76

Mädchen mit Lebensmitteln auf einem Platz in einer (wahrsch. russischen) Stadt

o. Datum, geschätzt: Russisch-Japanischer Krieg

Vorsignatur: 11 (unten 9.)

Format: 16*12   koloriert

Best. Nr. 558

Lfd. Nr. des Findbuchs: 77

Russischer Soldat mit einem Kind im Arm, im Hintergrund mehrere Soldaten

o. Datum, geschätzt: Russisch-Japanischer Krieg

Vorsignatur: 44 (unten: 35)

Format: 16*12   koloriert

Best. Nr. 549

Lfd. Nr. des Findbuchs: 78

Walter und Elisabeth von Oettingen an einem Tisch im Wohnraum eines Feldlazaretts, hinter dem Tisch ein russischer Uniformierter

o. Datum, geschätzt: Russisch-Japanischer Krieg

Vorsignatur: 49 (unten: 38)

Format: 16*12   koloriert

Glasplatte mehrfach gesplittert

Best. Nr. 410

Lfd. Nr. des Findbuchs: 79

Aufführung eines Kasperletheaters für russische Soldaten und die chinesische Zivilbevölkerung von Mukden, China

20. Januar 1905

Vorsignatur: Negativ No. 172

Format: 18*13   Schwarz-weiß

Negativfolie an den Rändern leicht beschädigt

Best. Nr. 414

Lfd. Nr. des Findbuchs: 80

Die evangelische Sonntagsgemeinde (Uniformierte, Sanitäter und Kranken-
schwestern des Roten Kreuzes und ein Pastor) nach dem Gottesdienst vor der
„Döckerschen Baracke" in Mukden, China
5. Dezember 1905 (wahrsch. Beschriftungsfehler, eher: 1904)
Vorsignatur: Negativ No. 168
Format: 18*13   Schwarz-weiß
Negativfolie am oberen Rand leicht beschädigt

Best. Nr. 610

Lfd. Nr. des Findbuchs: 81

Gruppe chinesischer Zivilpersonen in Eho, China, darunter die Verwandten
des chinesischen Operationshelfers „Tschi-fu"
o. Datum, geschätzt: 5. September 1905
Vorsignatur: 25.
Format: 16*12   Schwarz-weiß
Negativ verblasst

Best. Nr. 114

Lfd. Nr. des Findbuchs: 82

Kirchplatz in Charbin, China, rechts im Bild ein Uniformierter
21. April 1905
Vorsignatur: Negativ No. 113
Format: 18*13   Schwarz-weiß
Negativfolie am oberen Rand leicht beschädigt

Best. Nr. 113

Lfd. Nr. des Findbuchs: 83

Personengruppe vor einem Haus in Charbin, China, darunter Walter und Elisabeth von Oettingen (vorne, zweiter bzw. dritte von links)
o. Datum, geschätzt: April 1905
Vorsignatur: Negativ No. 115
Format: 18*13   Schwarz-weiß

Best. Nr. 417

Lfd. Nr. des Findbuchs: 84

Uniformierte und Sanitäter des Roten Kreuzes auf Kutschen und Pferden vor der „Döckerschen Baracke", bereit zur Ausfahrt zu den Kaisergräbern in Mukden, China
5. Januar 1905
Vorsignatur: Negativ No. 160
Format: 18*13   Schwarz-weiß
Negativfolie an den Rändern leicht beschädigt

Best. Nr. 560

Lfd. Nr. des Findbuchs: 85

Uniformierte und Sanitäter des Roten Kreuzes auf Kutschen und Pferden vor der „Döckerschen Baracke", bereit zur Ausfahrt zu den Kaisergräbern in Mukden, China
o. Datum, geschätzt: 5. Januar 1905
Vorsignatur: 40.
Format: 16*12   Schwarz-weiß
Glasplatte etwas verschmutzt

Best. Nr. 470

Lfd. Nr. des Findbuchs: 86

Walter von Oettingen zu Pferd vor der „Döckerschen Baracke" in Mukden, China
5. Februar 1905
Vorsignatur: Negativ No. 200
Format: 18*13   Schwarz-weiß
Glasplatte etwas zerkratzt

Militärwesen

Best. Nr. 575

Lfd. Nr. des Findbuchs: 87

Blick auf die Seitenwand eines Schiffes (wahrsch. einer der beiden russischen Schlachtkreuzer „Rossia" und „Gromoboi") bei Wladiwostok, Russland, an der Seitenwand mit Ausbesserungsarbeiten beschäftigte Männer
o. Datum, geschätzt: 1904
Vorsignatur: o. Signatur
Format: 16*12   Schwarz-weiß

Best. Nr. 210

Lfd. Nr. des Findbuchs: 88

Gesellschaft mit Uniformierten an einem Esstisch vor einem Haus in Eho, China, in der Mitte der Gruppe ein chinesischer Oberst
1. Oktober 1904
Vorsignatur: Negativ No. 145
Format: 18*13   Schwarz-weiß
Negativfolie am oberen und unteren Rand leicht beschädigt

Best. Nr. 478

Lfd. Nr. des Findbuchs: 89

Hauptquartier des Generals Aleksey Nikolayevich Kuropatkin (Oberbefehls-haber der russischen Landstreitkräfte in der Mandschurei) in Huan-schan, China
25. Oktober 1904
Vorsignatur: Negativ No. 185
Format: 18*13   Schwarz-weiß
Negativfolie an den Rändern leicht beschädigt

Best. Nr. 476

Lfd. Nr. des Findbuchs: 90

Maultiertransport in Mukden, China, neben den Maultieren ein Uniformierter
23. Oktober 1904
Vorsignatur: Negativ No. 188
Format: 18*13   Schwarz-weiß
Negativfolie an den Rändern leicht beschädigt

Best. Nr. 211

Lfd. Nr. des Findbuchs: 91

Militärparade in Eho, China, neben den Uniformierten Sanitäter und Kran-kenschwestern des Roten Kreuzes
6. August 1904
Vorsignatur: Negativ No. 140
Format: 18*13   Schwarz-weiß
Negativfolie am oberen Rand leicht beschädigt

Best. Nr. 606

Lfd. Nr. des Findbuchs: 92

Asiatische (evtl. chinesische) Zivilpersonen (Internierte, Gefangene ?),
davor mehrere russische Soldaten (Gegend wahrsch. China)
o. Datum, geschätzt: Russisch-Japanischer Krieg
Vorsignatur: 36.
Format: 16*12   Schwarz-weiß
Rahmen löst sich ab

Best. Nr. 584

Lfd. Nr. des Findbuchs: 93

Blick auf ein Feldlager der russischen Armee(?),
im Vordergrund Pferde und ein Uniformierter (Gegend wahrsch. China)
o. Datum, geschätzt: Russisch-Japanischer Krieg
Vorsignatur: 20(?)
Format: 16*12 Schwarz-weiß
Glasplatte etwas verschmutzt

Best. Nr. 579

Lfd. Nr. des Findbuchs: 94

Eine Gruppe Soldaten der russischen Armee neben der „Döckerschen Baracke" in Mukden oder Eho, China
o. Datum, geschätzt: Russisch-Japanischer Krieg
Vorsignatur: o. Signatur
Format: 16*12   Schwarz-weiß
Schutzglas fehlt

Best. Nr. 556

Lfd. Nr. des Findbuchs: 95

Eisenbahnwaggons an einem Bahnhof, auf dem Bahnsteig Uniformierte
o. Datum, geschätzt; Russisch-Japanischer Krieg
Vorsignatur: 11
Format: 16*12   Schwarz-weiß
Glasplatte gesplittert

Best. Nr. 552

Lfd. Nr. des Findbuchs: 96

Gruppe russischer Soldaten mit einer geschlachteten Kuh
o. Datum, geschätzt: Russisch-Japanischer Krieg
Vorsignatur: 17
Format: 16*12 koloriert
Glasplatte rechts unten gesplittert

Best. Nr. 598

Lfd. Nr. des Findbuchs: 97

Gruppe russischer Soldaten beim Appell, im Vordergrund Elisabeth von Oet-
tingen mit einem Uniformierten
o. Datum, geschätzt: Russisch-Japanischer Krieg
Vorsignatur: o. Signatur
Format: 16*12 Schwarz-weiß
Glasplatte etwas verschmutzt

Best. Nr. 526

Lfd. Nr. des Findbuchs: 98

Gruppe russischer Soldaten mit einem Teil ihres Waffenarsenals, rechts im
Bild ein Sanitäter des Roten Kreuzes und eine weibliche Zivilperson
o. Datum, geschätzt: Russisch-Japanischer Krieg
Vorsignatur: 8
Format: 16*12 Schwarz-weiß

Best. Nr. 557

Lfd. Nr. des Findbuchs: 99

Gruppenfoto mit russischen Soldaten hinter aufgestapelten Munitionskisten
und Ausrüstungsgegenständen, außerdem im Bild mehrere Kinder und Elisabeth von Oettingen (rechts)
o. Datum, geschätzt: Russisch-Japanischer Krieg
Vorsignatur: 41 (unten 32)
Format: 16*12 Schwarz-weiß

Best. Nr. 568

Lfd. Nr. des Findbuchs: 100

Russische Soldaten auf einem Schienenstrang zwischen zwei Güterzügen (Gegend wahrsch. China)
o. Datum, geschätzt: Russisch-Japanischer Krieg
Vorsignatur: 39
Format: 16*12   Schwarz-weiß
Glasplatte etwas verschmutzt

Best. Nr. 112

Lfd. Nr. des Findbuchs: 101

Bahnhof von Charbin, China, auf dem Vorplatz verteilt mehrere Uniformierte
24. April 1905
Vorsignatur: Negativ No. 116
Format: 18*13   Schwarz-weiß
Negativfolie an den Rändern leicht beschädigt

Best. Nr. 640

Lfd. Nr. des Findbuchs: 102

General Aleksey Nikolayevich Kuropatkin (Oberbefehlshaber der russischen Landstreitkräfte in der Mandschurei) mit russischen Soldaten vor dem Kirchenzelt in Mukden, China
6. Januar 1905
Vorsignatur: Negativ No. 182
Format: 18*13   Schwarz-weiß
Glasplatte etwas verschmutzt

Best. Nr. 475

Lfd. Nr. des Findbuchs: 103

Gruppe russischer Soldaten auf einem Platz in Mukden, China, im Vordergrund Elisabeth von Oettingen
o. Datum, geschätzt: 1905
Vorsignatur: Negativ No. 189
Format: 18*13   Schwarz-weiß
Negativfolie am oberen Rand leicht beschädigt

Best. Nr. 409

Lfd. Nr. des Findbuchs: 104

Gruppenfoto mit Offizieren der russischen Armee in Mukden, China (Bildbe-
schriftung lautet: „Etappenoffiziere")
6. Januar 1905
Vorsignatur: Negativ No. 173
Format: 18*13   Schwarz-weiß
Negativfolie an den Rändern leicht beschädigt

Best. Nr. 408

Lfd. Nr. des Findbuchs: 105

Gruppenfoto mit Offizieren der russischen Armee in Mukden, China (Bildbeschriftung lautet: Etappenoffiziere)
6. Januar 1905
Vorsignatur: Negativ No. 174
Format: 18*13   Schwarz-weiß
kein Glasplattennegativ

Best. Nr. 474

Lfd. Nr. des Findbuchs: 106

Gruppe russischer Soldaten mit Wachstuchkästen in Mukden, China (rechter
Teil des Negativs etwas unscharf)
12. Februar 1905
Vorsignatur: Negativ No. 190
Format: 18*13   Schwarz-weiß
Glasplatte leicht verschmutzt

Best. Nr. 411

Lfd. Nr. des Findbuchs: 107

Leutnant Gläser, kurländischer Offizier vom Telegraphendienst, zu Pferd in
Mukden, China
10. Februar 1905
Vorsignatur: Negativ No. 171
Format: 18*13   Schwarz-weiß
Negativfolie an den Rändern leicht beschädigt, Glasplatte etwas verschmutzt

Best. Nr. 407

Lfd. Nr. des Findbuchs: 108

Schlachtgelände in Mukden, China, im Bild mehrere Soldaten, Nutzholz und weidendes Vieh
17. Februar 1905
Vorsignatur: Negativ No. 179
Format: 18*13 Schwarz-weiß
Negativfolie an den Rändern leicht beschädigt

Lazarettwesen

Best. Nr. 604

Lfd. Nr. des Findbuchs: 109

Ankunft eines Lazarettzuges mit Verwundeten in Eho, China, vor dem Zug Soldaten der russischen Armee und Zivilpersonen
o. Datum, geschätzt: 1904
Vorsignatur: 17.
Format: 16*12 Schwarz-weiß

Best. Nr. 601

Lfd. Nr. des Findbuchs: 110

Ankunft eines Lazarettzuges mit Verwundeten in Eho, China, vor dem Zug Soldaten der russischen Armee und Zivilpersonen
o. Datum, geschätzt: 1904
Vorsignatur: 24.
Format: 16*12 Schwarz-weiß
Glasplatte mehrfach gesplittert

Best. Nr. 106

Lfd. Nr. des Findbuchs: 111

Ankunft eines Sanitätszuges mit verwundeten Offizieren in Eho, China, vor dem Zug eine große Gruppe Uniformierter
4. August 1904
Vorsignatur: Negativ No. 134
Format: 18*13 Schwarz-weiß
Negativfolie an den Rändern leicht beschädigt

Best. Nr. 107

Lfd. Nr. des Findbuchs: 112

Chirurgischer Saal mit Verwundeten im Lazarett in Eho, China, rechts im Bild eine Krankenschwester des Roten Kreuzes („Schwester Juliane") mit einem verwundeten Trompeterjungen
5. August 1904
Vorsignatur: Negativ No. 128
Format: 18*13   Schwarz-weiß
Negativfolie am linken Rand leicht beschädigt

Best. Nr. 589

Lfd. Nr. des Findbuchs: 113

Uniformierte bei der Beförderung Verwundeter auf Räderkarren in das Lazarett in Mukden, China
o. Datum, geschätzt: 1904
Vorsignatur: o. Signatur
Format: 16*12   Schwarz-weiß
Glasplatte etwas verschmutzt

Best. Nr. 609

Lfd. Nr. des Findbuchs: 114

Uniformierte bei der Beförderung Verwundeter auf Räderkarren in das Lazarett in Mukden, China
o. Datum, geschätzt: 1904
Vorsignatur: 50.
Format: 16*12   Schwarz-weiß
Glasplatte unten gesplittert

Best. Nr. 551

Lfd. Nr. des Findbuchs: 115

Ausladung Verwundeter aus einer Kutsche, rechts im Bild Uniformierte und Zivilpersonen
o. Datum, geschätzt: Russisch-Japanischer Krieg
Vorsignatur: 14
Format: 16*12   Schwarz-weiß
Glasplatte gesplittert

Best. Nr. 561

Lfd. Nr. des Findbuchs: 116

Beförderung eines verwundeten russischen Soldaten auf einer „Flintentrage"
bei Mukden, China
o. Datum, geschätzt: Russisch-Japanischer Krieg
Vorsignatur: 49.
Format: 16*12   Schwarz-weiß
Glasplatte gesplittert

Best. Nr. 564

Lfd. Nr. des Findbuchs: 117

Die Gebäude des Livländischen Feldlazaretts auf dem Sortierungspunkt am
Bahnhof Mukden, China
o. Datum, geschätzt: Russisch-Japanischer Krieg
Vorsignatur: 37.
Format: 16*12   Schwarz-weiß

Best. Nr. 532

Lfd. Nr. des Findbuchs: 118

Ein Sanitäter des Roten Kreuzes beim Öffnen von Kisten in einem Raum eines Feldlazaretts (Gegend wahrsch. China)
o. Datum, geschätzt: Russisch-Japanischer Krieg
Vorsignatur: 4. (unten 1.)
Format: 16*12   Schwarz-weiß

Best. Nr. 541

Lfd. Nr. des Findbuchs: 119

Elisabeth von Oettingen bei der Versorgung eines Verwundeten (Anlegen ei-
nes Kopfverbandes) in einem Feldlazarett
o. Datum, geschätzt: Russisch-Japanischer Krieg
Vorsignatur: 30 (unten 21.)
Format: 16*12   Schwarz-weiß
Glasplatte etwas verschmutzt

Best. Nr. 540

Lfd. Nr. des Findbuchs: 120

Elisabeth von Oettingen mit zwei Helfern bei der Desinfektion chirurgischer Instrumente in einem Feldlazarett
o. Datum, geschätzt: Russisch-Japanischer Krieg
Vorsignatur: 20. (unten 15)
Format: 16*12   Schwarz-weiß
Glasplatte rechts gesplittert

Best. Nr. 599

Lfd. Nr. des Findbuchs: 121

Elisabeth von Oettingen vor einer technischen Apparatur in einem Raum eines Lazaretts
o. Datum, geschätzt: Russisch-Japanischer Krieg
Vorsignatur: 19 (unten 14.)
Format: 16*12   Schwarz-weiß
Glasplatte mehrmals gesplittert

Best. Nr. 592

Lfd. Nr. des Findbuchs: 122

Gruppe russischer Uniformierter, darunter Verwundete auf Bahren auf einem Platz vor mehreren Gebäuden in Eho oder Mukden, China
o. Datum, geschätzt: Russisch-Japanischer Krieg
Vorsignatur: o. Signatur
Format: 16*12   Schwarz-weiß
Negativ verblasst, Rahmen löst sich ab

Best. Nr. 527

Lfd. Nr. des Findbuchs: 123

Lazarettsaal mit verwundeten Soldaten, an der hinteren Wand zwei Uniformierte und eine weibliche Zivilperson
o. Datum, geschätzt: Russisch-Japanischer Krieg
Vorsignatur: 7.
Format: 16*12   Schwarz-weiß

Best. Nr. 553

Lfd. Nr. des Findbuchs: 124

Pferdekutsche des Roten Kreuzes
o. Datum, geschätzt: Russisch-Japanischer Krieg
Vorsignatur: 13
Format: 16*12   Schwarz-weiß

Best. Nr. 583

Lfd. Nr. des Findbuchs: 125

Russische Soldaten mit einer „Maultiertrage" (wahrsch. in Mukden, China)
o. Datum, geschätzt: Russisch-Japanischer Krieg
Vorsignatur: o. Signatur
Format: 16*12   Schwarz-weiß
Schutzglas fehlt, Glasplatte gelb verfärbt, linke obere Ecke abgebrochen

Best. Nr. 521

Lfd. Nr. des Findbuchs: 126

Versorgung Verwundeter in einem Lazarett
o. Datum, geschätzt: Russisch-Japanischer Krieg
Vorsignatur: o. Signatur
Format: 16*12   Schwarz-weiß

Best. Nr. 469

Lfd. Nr. des Findbuchs: 127

„Finnischer Federwagen" des Roten Kreuzes mit Uniformierten und Walter
von Oettingen vor einem Gebäude in Mukden, China
27. Februar 1905
Vorsignatur: Negativ No. 198
Format: 18*13   Schwarz-weiß
Glasplatte in der Mitte gesplittert und am Rand verklebt

Best. Nr. 593

Lfd. Nr. des Findbuchs: 128

„Finnischer Federwagen" des Roten Kreuzes mit Uniformierten und Walter
von Oettingen vor einem Gebäude in Mukden, China
o. Datum, geschätzt: 25. Februar 1905
Vorsignatur: o. Signatur
Format: 16*12   Schwarz-weiß
Glasplatte etwas verschmutzt

Best. Nr. 471

Lfd. Nr. des Findbuchs: 129

„Finnischer Federwagen" des Roten Kreuzes mit Uniformierten und Walter
von Oettingen
27. Februar 1905
Vorsignatur: Negativ No. 199
Format: 18*13   Schwarz-weiß
Negativfolie am oberen Rand leicht beschädigt

Best. Nr. 406

Lfd. Nr. des Findbuchs: 130
> Verwundete Offiziere mit Sanitätern und Krankenschwestern des Roten Kreuzes in der Offiziersbaracke des Feldlazaretts in Mukden, China
> 28. Januar 1905
> Vorsignatur: Negativ No. 180
> Format: 18*13   Schwarz-weiß
> Negativfolie am linken Rand leicht beschädigt, Glasplatte etwas fleckig

Landschaften/Städte/Sehenswürdigkeiten

Best. Nr. 418

Lfd. Nr. des Findbuchs: 131
> Blick auf das Goldene Horn von Wladiwostok, Russland (evtl. vom Wasser aus fotografiert)
> 20. September 1904
> Vorsignatur: Negativ No. 156
> Format: 18*13   Schwarz-weiß
> Braune Flecken auf der Glasplatte

Best. Nr. 525

Lfd. Nr. des Findbuchs: 132
> Blick auf die Pagode in der Vorstadt von Mukden, China
> o. Datum, geschätzt: 1904
> Vorsignatur: 41
> Format: 16*12   Schwarz-weiß
> Glasplatte etwas verschmutzt

Best. Nr. 206

Lfd. Nr. des Findbuchs: 133
> Blick auf die Russische Insel bei Wladiwostok, Russland
> 20. September 1904
> Vorsignatur: Negativ No. 154
> Format: 18*13   Schwarz-weiß
> Linke obere Ecke der Glasplatte abgebrochen, Negativfolie an den Rändern leicht beschädigt

Best. Nr. 419

Lfd. Nr. des Findbuchs: 134
Blick auf eine Halbinsel bei Wladiwostok, Russland
20. September 1904
Vorsignatur: Negativ No. 155
Format: 18*13   Schwarz-weiß
Negativfolie an den Rändern leicht beschädigt, braune Flecken auf der Glasplatte

Best. Nr. 587

Lfd. Nr. des Findbuchs: 135
Blick auf einen Hafen (Wladiwostok, Russland?)
o. Datum, geschätzt: 1904
Vorsignatur: o. Signatur
Format: 16*12   Schwarz-weiß
Glasplatte etwas verschmutzt

Best. Nr. 208

Lfd. Nr. des Findbuchs: 136
Blick auf Wladiwostok und das „Goldene Horn", vom Adlersberg aus fotografiert
20. September 1904
Vorsignatur: Negativ No. 150
Format: 18*13   Schwarz-weiß
Negativfolie am unteren Rand beschädigt

Best. Nr. 574

Lfd. Nr. des Findbuchs: 137
Blick auf Wladiwostok und das „Goldene Horn", vom Adlersberg aus fotografiert
o. Datum, geschätzt: 20. September 1904
Vorsignatur: o. Signatur
Format: 16*12   Schwarz-weiß
Glasplatte etwas verschmutzt

Best. Nr. 586

Lfd. Nr. des Findbuchs: 138

    Kaiserpalast in Mukden, China
    o. Datum, geschätzt: 1904
    Vorsignatur: 44.
    Format: 16*12   Schwarz-weiß
    Glasplatte etwas verschmutzt

Best. Nr. 207

Lfd. Nr. des Findbuchs: 139

    Landschaftsaufnahme, im Hintergrund das Meer (Bildbeschriftung lautet:
    „Wladiwostok")
    20. September 1904
    Vorsignatur: Negativ No. 152
    Format: 18*13   Schwarz-weiß
    Negativfolie beschädigt, Motiv schwer zu erkennen, Flecken auf der Perga-
    minhülle, Pergaminhülle separat

Best. Nr. 570

Lfd. Nr. des Findbuchs: 140

    Blick auf befestigte Gebäude inmitten einer Landschaft
    o. Datum, geschätzt: Russisch-Japanischer Krieg
    Vorsignatur: 34.
    Format: 16*12   Schwarz-weiß
    Motiv schwer zu erkennen, da Negativfolie fleckig

Best. Nr. 572

Lfd. Nr. des Findbuchs: 141

    Blick auf die Straße einer Großstadt (Wladiwostok, Russland?)
    o. Datum, geschätzt: Russisch-Japanischer Krieg
    Vorsignatur: o. Signatur
    Format: 16*12   Schwarz-weiß

Best. Nr. 536

Lfd. Nr. des Findbuchs: 142

    Blick auf ein großes Gebäude, davor mit Säcken beladene Ochsenkarren (Ge-
    gend wahrsch. Russland)
    o. Datum, geschätzt: Russisch-Japanischer Krieg
    Vorsignatur: 12. (unten 10.)
    Format: 16*12   Schwarz-weiß

Best. Nr. 520

Lfd. Nr. des Findbuchs: 143

Blick auf ein schlossähnliches Gebäude (Gegend wahrsch. Russland)
o. Datum, geschätzt: Russisch-Japanischer Krieg
Vorsignatur: o. Signatur
Format: 12*9   Schwarz-weiß
Negativ etwas verblasst, Schutzglas fehlt

Best. Nr. 531

Lfd. Nr. des Findbuchs: 144

Blick auf eine Stadtmauer oder Befestigungsanlage (bei Wladiwostok, Russland ?)
o. Datum, geschätzt: Russisch-Japanischer Krieg
Vorsignatur: 2.
Format: 16*12   koloriert
Glasplatte links oben gesplittert

Best. Nr. 547

Lfd. Nr. des Findbuchs: 145

Blick auf einen See, im Vordergrund ein Uniformierter und zwei Zivilpersonen, im Hintergrund die Häuser einer Stadt (Gegend wahrsch. Russland)
o. Datum, geschätzt: Russisch-Japanischer Krieg
Vorsignatur: 47 (unten 38)
Format: 16*12   koloriert

Best. Nr. 546

Lfd. Nr. des Findbuchs: 146

Blick auf einen von Gebirge eingerahmten See (Gegend wahrsch. Russland)
o. Datum, geschätzt: Russisch-Japanischer Krieg
Vorsignatur: 46 (unten: 36)
Format: 16*12   koloriert

Best. Nr. 533

Lfd. Nr. des Findbuchs: 147

Mehrere Sanitäter und eine Krankenschwester des Roten Kreuzes neben einer Fußgängerbrücke über einen Fluss in einer Stadt (Gegend wahrsch. Russland)
o. Datum, geschätzt: Russisch-Japanischer Krieg
Vorsignatur: 5 (unten 4)
Format: 16*12   koloriert
Glasplatte in der Mitte gesplittert

Best. Nr. 548

Lfd. Nr. des Findbuchs: 148

Stadtpanorama (Gegend wahrsch. Russland), im Vordergrund ein Gewässer, im Hintergrund Gebirge
o. Datum, geschätzt: Russisch-Japanischer Krieg
Vorsignatur: 48 (unten: 39.)
Format: 16*12   koloriert

Best. Nr. 544

Lfd. Nr. des Findbuchs: 149

Stadtpanorama (Gegend wahrsch. Russland), im Vordergrund eine Burg
o. Datum, geschätzt: Russisch-Japanischer Krieg
Vorsignatur: 39
Format: 16*12   koloriert
Glasplatte rechts unten gesplittert

Best. Nr. 535

Lfd. Nr. des Findbuchs: 150

Stadtpanorama, auf einer Wiese vor der Stadt eine große Gruppe Personen und Pferde (Gegend wahrsch. Russland)
o. Datum, geschätzt: Russisch-Japanischer Krieg
Vorsignatur: 7. (unten 6.)
Format: 16*12   koloriert
Glasplatte links oben gesplittert

Best. Nr. 530

Lfd. Nr. des Findbuchs: 151

Straße in einer Großstadt (Gegend wahrsch. Russland), im Bild mehrere Zivilpersonen
o. Datum, geschätzt: Russisch-Japanischer Krieg
Vorsignatur: 1.
Format: 16*12   Schwarz-weiß

Best. Nr. 116

Lfd. Nr. des Findbuchs: 152

Landschaftspanorama mit einigen Häusern am Fluss Nonni, China
26. April 1905 (mit Bleistift verbessert: 10. Mai)
Vorsignatur: Negativ No. 111
Format: 18*13   Schwarz-weiß
Negativ sehr dunkel

Best. Nr. 416

Lfd. Nr. des Findbuchs: 153

Mandschugrab in Mukden, China

4. Januar 1905

Vorsignatur: Negativ No. 165

Format: 18*13   Schwarz-weiß

Negativfolie an den Rändern beschädigt

Best. Nr. 415

Lfd. Nr. des Findbuchs: 154

Treppe des Kaiserpalastes von Mukden, China, auf der Treppe Sanitäter des Roten Kreuzes und Uniformierte

3. Februar 1905

Vorsignatur: Negativ No. 166

Format: 18*13   Schwarz-weiß

Negativfolie am rechten Rand leicht beschädigt

Best. Nr. 600

Lfd. Nr. des Findbuchs: 155

Treppe des Kaiserpalastes von Mukden, China, auf der Treppe Sanitäter des Roten Kreuzes und Uniformierte

o. Datum, geschätzt: 3. Februar 1905

Vorsignatur: o. Signatur

Format: 16*12   Schwarz-weiß

Rückreise (ohne Transsib)

Best. Nr. 43

Lfd. Nr. des Findbuchs: 156

„Villa Un...(?). Blick auf Monplaisir" (Gegend wahrsch. die Küste Estlands in der Nähe von Merreküll (Meriküla), Bildbeschriftung schwer zu entziffern)

4. Juni 1905

Vorsignatur: Negativ No. 63

Format: 18*13   Schwarz-weiß

Negativ sehr dunkel

Best. Nr. 27

Lfd. Nr. des Findbuchs: 157

Blick auf die Klosterinsel in der Wolga in Russland
23. Mai 1905
Vorsignatur: Negativ No. 84
Format: 18*13   Schwarz-weiß
Negativfolie an den Rändern leicht beschädigt

Best. Nr. 35

Lfd. Nr. des Findbuchs: 158

Blick auf eine Stromschnelle (Gegend wahrsch. Finnland, Bildbeschriftung
lautet: „Imatia")
9. Juni 1905
Vorsignatur: Negativ No. 76
Format: 18*13   Schwarz-weiß
Negativfolie am oberen Rand leicht beschädigt

Best. Nr. 42

Lfd. Nr. des Findbuchs: 159

Blick auf eine Waldlandschaft, auf dem Waldweg Elisabeth von Oettingen(?)
4. Juni 1905
Vorsignatur: Negativ No. 65
Format: 18*13   Schwarz-weiß

Best. Nr. 400

Lfd. Nr. des Findbuchs: 160

Blick auf Papula bei Wyborg (Vyborg), Russland
6. Juni 1905
Vorsignatur: Negativ No. 70
Format: 18*13   Schwarz-weiß
Glasplatte fleckig, Negativfolie an den Rändern leicht beschädigt

Best. Nr. 45

Lfd. Nr. des Findbuchs: 161

Eine Villa (Bildbeschriftung lautet: „Unsere Villa 75") in Merreküll (Meriküla), Estland, rechts im Bild Elisabeth von Oettingen
3. Juni 1905
Vorsignatur: Negativ No. 60
Format: 18*13   Schwarz-weiß

Best. Nr. 36

Lfd. Nr. des Findbuchs: 162
    Innenansicht der Schleuse im Saimaa-Kanal, Finnland
    8. Juni 1905
    Vorsignatur: Negativ No. 74
    Format: 18*13   Schwarz-weiß

Best. Nr. 26

Lfd. Nr. des Findbuchs: 163
    Nishnij-Nowgorod, Russland, auf dem Wasser mehrere Dampfschiffe (von
    einem Schiff aus fotografiert)
    25. Mai 1905
    Vorsignatur: Negativ No. 85
    Format: 18*13   Schwarz-weiß
    Negativfolie am oberen Rand leicht beschädigt

Best. Nr. 40

Lfd. Nr. des Findbuchs: 164
    Reval (Tallinn), Estland, im Hintergrund mehrere Schiffe
    10. Juni 1905
    Vorsignatur: Negativ No. 69
    Format: 18*13   Schwarz-weiß

Best. Nr. 37

Lfd. Nr. des Findbuchs: 165
    Saimaa-Kanal, Finnland (Frontalansicht von einem Schiff aus)
    8. Juni 1905
    Vorsignatur: Negativ No. 73
    Format: 18*13   Schwarz-weiß

Best. Nr. 30

Lfd. Nr. des Findbuchs: 166
    Seitenansicht des Wolgadampfers „Peter der Grosse" auf der Wolga
    24. Mai 1905
    Vorsignatur: Negativ No. 80
    Format: 18*13   Schwarz-weiß
    Negativfolie an den Rändern leicht beschädigt

Best. Nr. 31

Lfd. Nr. des Findbuchs: 167

Seitenansicht des Wolgadampfers „Peter der Grosse" auf der Wolga
24. Mai 1905
Vorsignatur: Negativ No. 81
Format: 18*13   Schwarz-weiß
Negativfolie am unteren Rand leicht beschädigt

Best. Nr. 38

Lfd. Nr. des Findbuchs: 168

Statue im Park Monrepos in Wyborg (Vyborg), Russland
6. Juni 1905
Vorsignatur: Negativ No. 72
Format: 18*13   Schwarz-weiß

Best. Nr. 39

Lfd. Nr. des Findbuchs: 169

Teich im Park Monrepos in Wyborg (Vyborg), Russland
10. Juni 1905
Vorsignatur: Negativ No. 71
Format: 18*13   Schwarz-weiß
Negativfolie links fleckig

Best. Nr. 28

Lfd. Nr. des Findbuchs: 170

Transportdampfer auf der Wolga (von einem Schiff aus fotografiert)
24. Mai 1905
Vorsignatur: Negativ No. 83
Format: 18*13   Schwarz-weiß
Negativfolie am unteren Rand leicht beschädigt

Best. Nr. 41

Lfd. Nr. des Findbuchs: 171

Waldhaus und seine Bewohner (Bildbeschriftung schlecht zu entziffern)
4. Juni 1905
Vorsignatur: Negativ No. 66
Format: 18*13   Schwarz-weiß

Best. Nr. 33

Lfd. Nr. des Findbuchs: 172

> Wohnhäuser und Zivilpersonen am Ufer der Wolga
> 21. Mai 1905
> Vorsignatur: Negativ No. 78
> Format: 18*13   Schwarz-weiß
> Glasplatte stark gesplittert, rechts oben ein Stück abgebrochen

Best. Nr. 29

Lfd. Nr. des Findbuchs: 173

> Wolgadampfer „Peter der Grosse" an einer Anlegestelle, an Deck des Dampfers mehrere Zivilpersonen
> 24. Mai 1905
> Vorsignatur: Negativ No. 82
> Format: 18*13   Schwarz-weiß
> Negativfolie an den Rändern leicht beschädigt

Transsibirische Eisenbahn

Best. Nr. 479

Lfd. Nr. des Findbuchs: 174

> Blick auf einen zerstörten Schienenstrang auf dem Weg nach Wladiwostok, Russland (Strecke der Transsibirischen Eisenbahn)
> 18. September 1904
> Vorsignatur: Negativ No. 37
> Format: 18*13   Schwarz-weiß
> Negativfolie am oberen Rand leicht beschädigt

Best. Nr. 613

Lfd. Nr. des Findbuchs: 175

> Elisabeth von Oettingen in ihrem Abteil in der Transsibirischen Eisenbahn
> o. Datum, geschätzt: 5. April 1904
> Vorsignatur: o. Signatur
> Format: 16*12   Schwarz-weiß
> Rahmen etwas beschädigt

Best. Nr. 472

Lfd. Nr. des Findbuchs: 176

Elisabeth von Oettingen in ihrem Abteil in der Transsibirischen Eisenbahn

25. April 1904

Vorsignatur: Negativ No. 201

Format: 18*13   Schwarz-weiß

Glasplatte links oben fleckig

Best. Nr. 209

Lfd. Nr. des Findbuchs: 177

Landschaftsaufnahme auf dem Weg nach Wladiwostok, Russland, im Hintergrund eine zerstörte Eisenbahnbrücke (Strecke der Transsibirischen Eisenbahn)

18. September 1904

Vorsignatur: Negativ No. 148

Format: 18*13   Schwarz-weiß

Negativfolie an den Rändern leicht beschädigt

Best. Nr. 399

Lfd. Nr. des Findbuchs: 178

Stele der Transsibirischen Eisenbahn (Werst 748), links im Bild Holzhäuser

30. April 1904

Vorsignatur: Negativ No. 91

Format: 18*13   Schwarz-weiß

Negativfolie an den Rändern leicht beschädigt

Best. Nr. 567

Lfd. Nr. des Findbuchs: 179

Blick auf den Eisbrecher und Fährdampfer „Baikal" auf dem Baikalsee in Russland

o. Datum, geschätzt: Russisch-Japanischer Krieg

Vorsignatur: 6

Format: 16*12   Schwarz-weiß

Best. Nr. 529

Lfd. Nr. des Findbuchs: 180

Blick auf eine Lokomotive (Nummer: 206) in einer Schlucht, neben der Lok Uniformierte und Zivilpersonen (evtl. Lokomotive der Transsibirischen Eisenbahn)

o. Datum, geschätzt: Russisch-Japanischer Krieg

Vorsignatur: 9

Format: 16*12   Schwarz-weiß

Best. Nr. 602

Lfd. Nr. des Findbuchs: 181

Blick auf einen Bahnsteig, im Hintergrund mehrere Gebäude (aus einem Zug fotografiert, Gegend wahrscheinlich Russland, evtl. Strecke der Transsibirischen Eisenbahn)

o. Datum, geschätzt: Russisch-Japanischer Krieg

Vorsignatur: o. Signatur

Format: 16*12   Schwarz-weiß

Glasplatte am unteren Rand etwas verfärbt

Best. Nr. 614

Lfd. Nr. des Findbuchs: 182

Elisabeth von Oettingen in einer geschlossenen Pferdekutsche („Omnibus") in Tscheljabinsk, Russland (Haltepunkt der Transsibirischen Eisenbahn)

o. Datum, geschätzt: Russisch-Japanischer Krieg

Vorsignatur: 3.

Format: 16*12   Schwarz-weiß

Glasplatte etwas verschmutzt

Best. Nr. 543

Lfd. Nr. des Findbuchs: 183

Frontalblick auf einen von Bergen eingeschlossenen Schienenstrang (wahrsch. auf der Strecke der Transsibirischen Eisenbahn)

o. Datum, geschätzt: Russisch-Japanischer Krieg

Vorsignatur: 38 (unten 20)

Format: 16*12   koloriert

Glasplatte links gesplittert

Best. Nr. 596

Lfd. Nr. des Findbuchs: 184

Heckansicht des Fährdampfers und Eisbrechers „Baikal" auf dem Baikalsee in Russland

o. Datum, geschätzt: Russisch-Japanischer Krieg

Vorsignatur: o. Signatur

Format: 16*12   Schwarz-weiß

Glasplatte etwas verschmutzt

Best. Nr. 608

Lfd. Nr. des Findbuchs: 185

Krugobaikalskaja Eisenbahn, Tunnel No. 4 am Baikalsee in Russland (Strecke der Transsibirischen Eisenbahn)

o. Datum, geschätzt: Russisch-Japanischer Krieg

Vorsignatur: 8

Format: 16*12   Schwarz-weiß

Rahmen etwas verschmutzt

Best. Nr. 563

Lfd. Nr. des Findbuchs: 186

Bahnhof der Stadt Tscheljabinsk, Russland (Haltepunkt der Transsibirischen Eisenbahn), davor Uniformierte und Zivilpersonen

o. Datum, geschätzt: 26. April 1905

Vorsignatur: 2.

Format: 16*12   Schwarz-weiß

Glasplatte gesplittert

Best. Nr. 24

Lfd. Nr. des Findbuchs: 187

Bahnhof der Stadt Tscheljabinsk, Russland, davor Militärpersonal und Zivilpersonen (Haltepunkt der Transsibirischen Eisenbahn)

26. April 1905

Vorsignatur: Negativ No. 89

Format: 18*13   Schwarz-weiß

Glasplatte etwas verschmutzt

Best. Nr. 118

Lfd. Nr. des Findbuchs: 188
Bahnhof von Tschita, Russland (Haltepunkt der Transsibirischen Eisenbahn), vor dem Gebäude eine Gruppe Burjaten
3. Mai 1905 (mit Bleistift verbessert: 11. Mai)
Vorsignatur: Negativ No. 108
Format: 18*13   Schwarz-weiß
Negativfolie am unteren Rand leicht beschädigt

Best. Nr. 578

Lfd. Nr. des Findbuchs: 189
Bahnhof von Tschita, Russland, vor dem Gebäude eine Gruppe Burjaten (Haltepunkt der Transsibirischen Eisenbahn)
o. Datum, geschätzt: 11. Mai 1905
Vorsignatur: o. Signatur
Format: 16*12   Schwarz-weiß
Glasplatte etwas verschmutzt, Rahmen löst sich ab

Best. Nr. 597

Lfd. Nr. des Findbuchs: 190
Bahnhofsgebäude der Station Mamai an der Baikal-Rundbahn in Russland
o. Datum, geschätzt: 1905
Vorsignatur: 9.
Format: 16*12   Schwarz-weiß
Glasplatte etwas verschmutzt

Best. Nr. 396

Lfd. Nr. des Findbuchs: 191
Bahnstation Taiga in Russland, auf den Bahnsteigen Zivilpersonen und Uniformierte (Strecke der Transsibirischen Eisenbahn)
10. Mai 1905
Vorsignatur: Negativ No. 94.
Format: 18*13   Schwarz-weiß
Glasplatte durchgebrochen

Best. Nr. 605

Lfd. Nr. des Findbuchs: 192

Blick auf den Bahnsteig von Kultuk am Baikalsee in Russland (Strecke der Transsibirischen Eisenbahn)
o. Datum, geschätzt: 15. Mai 1905
Vorsignatur: o. Signatur
Format: 16*12   Schwarz-weiß
Glasplatte etwas verschmutzt

Best. Nr. 393

Lfd. Nr. des Findbuchs: 193

Blick auf den Bahnsteig von Kultuk am Baikalsee in Russland (Haltepunkt der Transsibirischen Eisenbahn)
15. Mai 1905
Vorsignatur: Negativ No. 99
Format: 18*13   Schwarz-weiß
Negativfolie an den Rändern leicht beschädigt

Best. Nr. 34

Lfd. Nr. des Findbuchs: 194

Die grosse Wolgabrücke (evtl. von der Transsibirischen Eisenbahn aus aufgenommen)
6. Mai 1905
Vorsignatur: Negativ No. 77
Format: 18*13   Schwarz-weiß
Linke untere Ecke der Glasplatte abgebrochen

Best. Nr. 32

Lfd. Nr. des Findbuchs: 195

Die Stadt Kosjmodemjjansk, Russland, am Ufer der Wolga (Haltepunkt der Transsibirischen Eisenbahn)
22. Mai 1905
Vorsignatur: Negativ No. 79
Format: 18*13   Schwarz-weiß
Glasplatte etwas verschmutzt

Best. Nr. 398

Lfd. Nr. des Findbuchs: 196

Dorf an der Transsibirischen Eisenbahn, im Hintergrund ein Lazarett des Roten Kreuzes (wahrsch. Urulga, Russland)

20. Mai 1905

Vorsignatur: Negativ No. 92.

Format: 18*13   Schwarz-weiß

Negativfolie am unteren Rand leicht beschädigt

Best. Nr. 577

Lfd. Nr. des Findbuchs: 197

Dorf an der Transsibirischen Eisenbahn, im Hintergrund ein Lazarett des Roten Kreuzes (wahrsch. Urulga, Russland)

o. Datum, geschätzt: 20. Mai 1905

Vorsignatur: 11.

Format: 16*12   Schwarz-weiß

Rechte untere Ecke der Glasplatte abgebrochen, Rahmen löst sich ab

Best. Nr. 612

Lfd. Nr. des Findbuchs: 198

Elisabeth von Oettingen am Ufer des Baikalsees in Russland (Strecke der Transsibirischen Eisenbahn)

o. Datum, geschätzt: 15. Mai 1905

Vorsignatur: o. Signatur

Format: 16*12   Schwarz-weiß

Glasplatte etwas verschmutzt

Best. Nr. 394

Lfd. Nr. des Findbuchs: 199

Elisabeth von Oettingen am Ufer des Baikalsees in Russland (Strecke der Transsibirischen Eisenbahn)

15. Mai 1905

Vorsignatur: Negativ No. 97

Format: 18*13   Schwarz-weiß

Glasplatte etwas fleckig

Best. Nr. 466

Lfd. Nr. des Findbuchs: 200

Elisabeth von Oettingen schlafend im „Salonwagen" (Transsibirische Eisenbahn?)
27. Februar 1905
Vorsignatur: Negativ No. 202
Format: 18*13   Schwarz-weiß
Glasplatte etwas verschmutzt

Best. Nr. 395

Lfd. Nr. des Findbuchs: 201

Gruppenfoto mit Bewohnern eines Fischerdorfs am Baikalsee in Russland (Strecke der Transsibirischen Eisenbahn)
15. Mai 1905
Vorsignatur: Negativ No. 98
Format: 18*13   Schwarz-weiß
Negativfolie an des Rändern leicht beschädigt, Glasplatte etwas fleckig

Best. Nr. 397

Lfd. Nr. des Findbuchs: 202

Landschaft bei Petropawlowsk (Petropavlovsk), Kasachstan (Strecke der Transsibirischen Eisenbahn)
5. Mai 1905
Vorsignatur: Negativ No. 93
Format: 18*13   Schwarz-weiß
Negativfolie etwas beschädigt

Best. Nr. 25

Lfd. Nr. des Findbuchs: 203

Stadt Ufa, Russland, davor in mehreren Kutschen Sanitäter des Roten Kreuzes (Haltepunkt der Transsibirischen Eisenbahn)
24. April 1905
Vorsignatur: Negativ No. 88
Format: 18*13   Schwarz-weiß
Negativfolie löst sich am oberen Rand ab

Sonstiges

Best. Nr. 528

Lfd. Nr. des Findbuchs: 204

Blick auf zwei große Gebäude, im Vordergrund eine Wiese
o. Datum, geschätzt: Russisch-Japanischer Krieg
Vorsignatur: 6
Format: 16*12   Schwarz-weiß
Glasplatte rechts gesplittert

Best. Nr. 559

Lfd. Nr. des Findbuchs: 205

Dampfschiff (Name: „Tayobo") auf einem Fluss (Gegend wahrsch. Russland)
o. Datum, geschätzt: Russisch-Japanischer Krieg
Vorsignatur: 45 (unten: 37)
Format: 16*12   koloriert

Best. Nr. 115

Lfd. Nr. des Findbuchs: 206

Ein Zug bei der Stadt Zizikar, China (aus einem schnell fahrenden Zug aufge-
nommen)
10. Mai 1905
Vorsignatur: Negativ No. 112
Format: 18*13   Schwarz-weiß
Glasplatte in der Mitte durchgebrochen, Pergaminhülle separat

Erster Weltkrieg

Sehenswürdigkeiten

Best. Nr. 11

Lfd. Nr. des Findbuchs: 207
Ausros-Tor, Stadttor in Wilna (Vilnius), Litauen
o. Datum (geschätzt: Erster Weltkrieg)
Vorsignatur: R. 19
Format: 18*13   Schwarz-weiß
Negativfolie an den Rändern leicht beschädigt

Best. Nr. 268

Lfd. Nr. des Findbuchs: 208
Blick auf die Burg in Sarospatak, Ungarn
o. Datum, geschätzt: Erster Weltkrieg
Vorsignatur: OeU. 18
Format: 18*13   Schwarz-weiß

Best. Nr. 247

Lfd. Nr. des Findbuchs: 209
Blick auf ein Schloss (Gegend wahrsch. Lothringen (Lorraine), Frankreich),
im Vordergrund ein Wagen mit Sanitätern des Roten Kreuzes
o. Datum, geschätzt: Erster Weltkrieg
Vorsignatur: F. 15
Format: 18*13   Schwarz-weiß
Negativfolie am oberen Rand leicht beschädigt

Best. Nr. 266

Lfd. Nr. des Findbuchs: 210
Eine Frau mit vier Kindern auf einer Wiese, im Hintergrund die Burg in Saro-
spatak, Ungarn
o. Datum, geschätzt: Erster Weltkrieg
Vorsignatur: OeU. 20
Format: 18*13   Schwarz-weiß
Negativfolie am oberen Rand leicht beschädigt

Best. Nr. 12

Lfd. Nr. des Findbuchs: 211

Kasimirkirche in Wilna (Vilnius), Litauen
o. Datum (geschätzt: Erster Weltkrieg)
Vorsignatur: R. 20
Format: 18*13   Schwarz-weiß
Negativfolie am oberen Rand leicht beschädigt

Best. Nr. 501

Lfd. Nr. des Findbuchs: 212

Perényi-Flügel der Burg in Sarospatak, Ungarn, im Vordergrund eine
(schlecht zu erkennende) dreiköpfige Familie mit Hund
o. Datum, geschätzt: Erster Weltkrieg
Vorsignatur: OeU. 9
Format: 18*13   Schwarz-weiß
Negativfolie am rechten Rand leicht beschädigt

Best. Nr. 370

Lfd. Nr. des Findbuchs: 213

Ruine des alten römischen Kaiserpalastes in Trier, Deutschland
o. Datum, geschätzt: Erster Weltkrieg
Vorsignatur: D. 61
Format: 18*13   Schwarz-weiß
Glasplatte an den Rändern leicht beschädigt

Best. Nr. 17

Lfd. Nr. des Findbuchs: 214

Statue des Simon von Cyrene (Gegend wahrsch. Russland)
o. Datum (geschätzt: Erster Weltkrieg)
Vorsignatur: R. 7
Format: 18*13   Schwarz-weiß
Untere Hälfte des Negativs verblasst

Best. Nr. 269

Lfd. Nr. des Findbuchs: 215

Waldgebiet in Sarospatak, Ungarn, rechts im Bild vier Zivilpersonen, im Hin-
tergrund die Burg
o. Datum, geschätzt: Erster Weltkrieg
Vorsignatur: OeU. 17
Format: 18*13   Schwarz-weiß
Negativfolie am unteren Rand leicht beschädigt

Best. Nr. 64

Lfd. Nr. des Findbuchs: 216
Blick auf die Schwanenburg in Cleve (Kleve), Deutschland
3. Juli 1917
Vorsignatur: D. 149
Format: 18*13   Schwarz-weiß
Negativfolie am oberen Rand leicht beschädigt

Best. Nr. 320

Lfd. Nr. des Findbuchs: 217
Blick auf die Ruine der Abtei Aulne-sur-Sambre (ehemaliges Zisterzienser-kloster) in Belgien
15. Mai 1918
Vorsignatur: Fr. 55m
Format: 15*10   Schwarz-weiß
Negativfolie an den Rändern leicht beschädigt

Best. Nr. 230

Lfd. Nr. des Findbuchs: 218
Blick auf die Weserbrücke bei der Benediktinerabtei Corvey im Weserberg-land, Deutschland, im Hintergrund die Klosterbauten
14. März 1918
Vorsignatur: 171
Format: 18*13   Schwarz-weiß
Negativfolie am oberen Rand leicht beschädigt

Best. Nr. 231

Lfd. Nr. des Findbuchs: 219
Dom der Benediktinerabtei Corvey im Weserbergland, Deutschland
14. März 1918
Vorsignatur: 170.
Format: 18*13   Schwarz-weiß
Negativfolie am linken Rand leicht beschädigt

Best. Nr. 228

Lfd. Nr. des Findbuchs: 220

Hof des Römerkastells Saalburg bei Bad Homburg, Deutschland, im Hof zwei
Sanitäter und eine Krankenschwester des Roten Kreuzes mit einem Hund
8. April 1918
Vorsignatur: D. 177
Format: 18*13   Schwarz-weiß
Negativfolie am unteren Rand leicht beschädigt, Glasplatte etwas verfärbt,

Best. Nr. 187

Lfd. Nr. des Findbuchs: 221

Im Römerkastell Saalburg bei Bad Homburg, Deutschland, auf dem Brunnen
im Hof sitzt eine Frau
8. April 1918
Vorsignatur: D. 178 m
Format: 15*10   Schwarz-weiß
Negativfolie am unteren Rand leicht beschädigt

Best. Nr. 229

Lfd. Nr. des Findbuchs: 222

Pforte der Benediktinerabtei Corvey im Weserbergland, Deutschland, an der
Pforte eine Kutsche, links daneben zwei Personen (uniformiert?)
14. März 1918
Vorsignatur: 172
Format: 18*13   Schwarz-weiß
Negativfolie am oberen Rand leicht beschädigt

Best. Nr. 186

Lfd. Nr. des Findbuchs: 223

Statuen im Römerkastell Saalburg bei Bad Homburg, Deutschland
8. April 1918
Vorsignatur: D. 179 m
Format: 15*10   Schwarz-weiß

Stadtansichten

Best. Nr. 143

Lfd. Nr. des Findbuchs: 224

Allee in Donchery im Département Ardennes in der Champagne-Ardenne, Frankreich, im Hintergrund ein Gebäude
o. Datum, geschätzt: Erster Weltkrieg
Vorsignatur: Fr. 35
Format: 18*13   Schwarz-weiß
Negativfolie an den Rändern leicht beschädigt

Best. Nr. 23

Lfd. Nr. des Findbuchs: 225

Blick auf das Tor zu einer Klosteranlage(?), vor dem Tor Elisabeth von Oettingen (Gegend wahrsch. Russland)
o. Datum, geschätzt: Erster Weltkrieg
Vorsignatur: R. 1
Format: 18*13   Schwarz-weiß
Negativfolie an den Rändern leicht beschädigt, Glasplatte am linken Rand gebräunt

Best. Nr. 369

Lfd. Nr. des Findbuchs: 226

Blick auf den alten römischen Circus in Trier, Deutschland
o. Datum, geschätzt: Erster Weltkrieg
Vorsignatur: D. 62
Format: 18*13   Schwarz-weiß
Glasplatte an den Rändern leicht beschädigt

Best. Nr. 444

Lfd. Nr. des Findbuchs: 227

Blick auf den Fluss Saale und das Bernburger Schloss, links am Bootssteg ein Sanitäter des Roten Kreuzes
o. Datum, geschätzt: Erster Weltkrieg
Vorsignatur: D. 54
Format: 18*13   Schwarz-weiß
Negativfolie an den Rändern leicht beschädigt

Best. Nr. 365

Lfd. Nr. des Findbuchs: 228

   Blick auf den Kai der Stadt Würzburg, Deutschland
   o. Datum, geschätzt: Erster Weltkrieg
   Vorsignatur: D. 71
   Format: 18*13   Schwarz-weiß
   Negativfolie an den Rändern leicht beschädigt

Best. Nr. 223

Lfd. Nr. des Findbuchs: 229

   Blick auf ein Gewässer, links am Ufer Elisabeth von Oettingen(?), am jenseiti-
   gen Ufer eine Stadt (Gegend wahrsch. Österreich-Ungarn)
   o. Datum, geschätzt: Erster Weltkrieg
   Vorsignatur: OeU. 84
   Format: 18*13   Schwarz-weiß
   Negativfolie am unteren Rand leicht beschädigt

Best. Nr. 22

Lfd. Nr. des Findbuchs: 230

   Blick auf eine Klosteranlage? (Gegend wahrsch. Russland)
   o. Datum, geschätzt: Erster Weltkrieg
   Vorsignatur: R. 2
   Format: 18*13   Schwarz-weiß
   Negativfolie am linken Rand leicht beschädigt

Best. Nr. 10

Lfd. Nr. des Findbuchs: 231

   Blick auf einen Fluss mit mehreren Booten, im Hintergrund die Stadt Wilna
   (Vilnius), Litauen
   o. Datum (geschätzt: 1. Weltkrieg)
   Vorsignatur: R. 18
   Format: 18*13   Schwarz-weiß
   Negativfolie an den Rändern leicht beschädigt

Best. Nr. 371

Lfd. Nr. des Findbuchs: 232

   Blick auf Porta Nigra (nördliches Stadttor) in Trier, Deutschland
   o. Datum, geschätzt: Erster Weltkrieg
   Vorsignatur: D. 60
   Format: 18*13   Schwarz-weiß
   Negativfolie an den Rändern leicht beschädigt

Best. Nr. 437

Lfd. Nr. des Findbuchs: 233

Blick auf Wohnhäuser bei Zappot, Deutschland (von einem Zug aus fotografiert)
o. Datum, geschätzt: Erster Weltkrieg
Vorsignatur: D. 88
Format: 18*13   Schwarz-weiß
Negativfolie an den Rändern leicht beschädigt

Best. Nr. 224

Lfd. Nr. des Findbuchs: 234

Ein künstlich angelegter Park(?), rechts ein Gewässer, im Hintergrund zwei
Gebäude (Gegend wahrsch. Österreich-Ungarn)
o. Datum, geschätzt: Erster Weltkrieg
Vorsignatur: OeU. 83
Format: 18*13   Schwarz-weiß

Best. Nr. 21

Lfd. Nr. des Findbuchs: 235

Innenhof eines Hauses (Lazarett?)
o. Datum (geschätzt: Erster Weltkrieg)
Vorsignatur: R. 3
Format: 18*13   Schwarz-weiß
Negativfolie am linken Rand leicht beschädigt

Best. Nr. 238

Lfd. Nr. des Findbuchs: 236

Schienenstrang mit mehreren Gleisen, auf den Gleisen Güterwaggons u. a. mit
Nutzholz, im Hintergrund die Häuser einer Stadt (Gegend wahrsch. Frankreich)
o. Datum, geschätzt: Erster Weltkrieg
Vorsignatur: Fr. 27
Format: 18*13   Schwarz-weiß
Negativfolie am oberen Rand leicht beschädigt

Best. Nr. 270

Lfd. Nr. des Findbuchs: 237

Stadtpanorama (Budapest, Ungarn?)
o. Datum, geschätzt: Erster Weltkrieg
Vorsignatur: OeU. 16
Format: 18*13   Schwarz-weiß
Negativfolie am oberen Rand leicht beschädigt

Best. Nr. 222

Lfd. Nr. des Findbuchs: 238

Stadtpanorama (Gegend wahrsch. Österreich-Ungarn), im Vordergrund Bahngleise
o. Datum, geschätzt: Erster Weltkrieg
Vorsignatur: OeU. 85
Format: 18*13   Schwarz-weiß
Negativfolie an den Rändern leicht beschädigt

Best. Nr. 103

Lfd. Nr. des Findbuchs: 239

Stadtpanorama Wilna (Vilnius), Litauen
o. Datum, geschätzt: Erster Weltkrieg
Vorsignatur: R. 21
Format: 18*13   Schwarz-weiß
Negativfolie an den Rändern leicht verfärbt, Verdacht auf Schimmelbefall an der Pergaminhülle, Pergaminhülle separat

Best. Nr. 362

Lfd. Nr. des Findbuchs: 240

Stadtpanorama Würzburg, Deutschland
o. Datum, geschätzt: Erster Weltkrieg
Vorsignatur: D. 73
Format: 18*13   Schwarz-weiß
Negativfolie am oberen Rand leicht beschädigt

Best. Nr. 363

Lfd. Nr. des Findbuchs: 241

Stadtpanorama Würzburg, Deutschland
o. Datum, geschätzt: Erster Weltkrieg
Vorsignatur: D. 72
Format: 18*13   Schwarz-weiß
Negativfolie an den Rändern leicht beschädigt

Best. Nr. 505

Lfd. Nr. des Findbuchs: 242

Stadtpanorama, vor den Häusern der Stadt Felder (Gegend wahrsch. Österreich-Ungarn)
o. Datum, geschätzt: Erster Weltkrieg
Vorsignatur: OeU. 5
Format: 18*13   Schwarz-weiß
Negativfolie am oberen Rand beschädigt

Best. Nr. 327

Lfd. Nr. des Findbuchs: 243

Stadtpanorama, vor der Stadt ein Fluss (Gegend wahrsch. Osteuropa)
o. Datum, geschätzt: Erster Weltkrieg
Vorsignatur: Ab.No 4
Format: 18*13   Schwarz-weiß
Negativfolie an den Rändern leicht beschädigt

Best. Nr. 329

Lfd. Nr. des Findbuchs: 244

Straße in einer Großstadt, im Bild ein Sanitäter des Roten Kreuzes
o. Datum, geschätzt: Erster Weltkrieg
Vorsignatur: Ab. 3
Format: 18*13   Schwarz-weiß
Negativfolie an den Rändern leicht beschädigt

Best. Nr. 326

Lfd. Nr. des Findbuchs: 245

Zwei Sanitäter des Roten Kreuzes vor einer Kirche (Gegend vermutl. Osteuropa, auf dem Kirchturm hängt eine Litauische? Fahne)
o. Datum, geschätzt: Erster Weltkrieg
Vorsignatur: Ab. 5
Format: 8,5*9,5   Schwarz-weiß
Negativfolie an den Rändern leicht beschädigt

Best. Nr. 402

Lfd. Nr. des Findbuchs: 246

Stadtpanorama Neuburg an der Donau, Deutschland
6. April 1915
Vorsignatur: D. 183
Format: 18*13   Schwarz-weiß
Glasplatte zerbrochen, rechte untere Ecke fehlt

Best. Nr. 218

Lfd. Nr. des Findbuchs: 247

Blick auf die Donau in Ungarn, auf dem Wasser mehrere Dampfschiffe, am anderen Ufer die Stadt Nagymaros, Ungarn
11. Februar 1917
Vorsignatur: OeU. 91
Format: 18*13   Schwarz-weiß
Negativfolie am oberen und unteren Rand leicht beschädigt

Best. Nr. 294

Lfd. Nr. des Findbuchs: 248

Blick auf die Stadt Lübeck, Deutschland, auf dem Wasser mehrere Schiffe
30. November 1917
Vorsignatur: D. 162
Format: 18*13   Schwarz-weiß
Negativfolie an den Rändern beschädigt

Best. Nr. 293

Lfd. Nr. des Findbuchs: 249

Windmühle in Lübeck, Deutschland
22. November 1917
Vorsignatur: D. 161
Format: 18*13   Schwarz-weiß
Negativfolie am linken und rechten Rand leicht beschädigt

Best. Nr. 404

Lfd. Nr. des Findbuchs: 250

Blick auf das Schlossportal in der Stadt Neuburg an der Donau, Deutschland, vor dem Portal zwei Sanitäter des Roten Kreuzes
6. Mai 1918
Vorsignatur: D. 182
Format: 18*13   Schwarz-weiß
Negativfolie an den Rändern leicht beschädigt

Best. Nr. 319

Lfd. Nr. des Findbuchs: 251

Blick auf die Stadt Landelies, Belgien
15. Mai 1918
Vorsignatur: Fr. 57
Format: 18*13   Schwarz-weiß
Negativfolie am oberen Rand leicht beschädigt

Best. Nr. 189

Lfd. Nr. des Findbuchs: 252

    Blick auf mehrere Bahngleise, neben den Gleisen die Elbe, im Hintergrund die Silhouette der Stadt Magdeburg, Deutschland
    11. März 1918
    Vorsignatur: D. 173 m
    Format: 15*10   Schwarz-weiß

Landschaftsansichten

Best. Nr. 446

Lfd. Nr. des Findbuchs: 253

    Blick auf den Odenwald in Hessen, Deutschland
    o. Datum, geschätzt: Erster Weltkrieg
    Vorsignatur: D. 40
    Format: 18*13   Schwarz-weiß
    Glasplatte am unteren Rand etwas verschmutzt

Best. Nr. 432

Lfd. Nr. des Findbuchs: 254

    Blick auf den Rhein (Gegend: Deutschland)
    o. Datum, geschätzt: Erster Weltkrieg
    Vorsignatur: D. 93
    Format: 18*13   Schwarz-weiß
    Negativfolie an den Rändern beschädigt

Best. Nr. 361

Lfd. Nr. des Findbuchs: 255

    Blick auf ein Waldgebiet (Gegend wahrsch. Deutschland), ein Sanitäter des Roten Kreuzes erklettert einen Baum mithilfe einer Leiter
    o. Datum, geschätzt: Erster Weltkrieg
    Vorsignatur: D. 75
    Format: 18*13   Schwarz-weiß
    Negativfolie an den Rändern beschädigt

Best. Nr. 221

Lfd. Nr. des Findbuchs: 256

Blick auf einen Fluss, auf dem Wasser ein Hausboot(?) (Gegend wahrsch. Österreich-Ungarn)
o. Datum, geschätzt: Erster Weltkrieg
Vorsignatur: OeU. 86
Format: 18*13   Schwarz-weiß
Negativ etwas blass

Best. Nr. 431

Lfd. Nr. des Findbuchs: 257

Blick auf einen Schienenstrang mit mehreren Gleisen, auf dem hinteren Gleis
ein Güterzug, im Hintergrund ein Hügel mit einer Burgruine
o. Datum, geschätzt: Erster Weltkrieg
Vorsignatur: D. 92
Format: 18*13   Schwarz-weiß
Negativfolie am oberen Rand leicht beschädigt

Best. Nr. 80

Lfd. Nr. des Findbuchs: 258

Flussufer, am linken Bildrand ein Schiff, rechts zwei Sanitäter und eine Krankenschwester des Roten Kreuzes (Gegend wahrsch. Österreich-Ungarn)
o. Datum, geschätzt: Erster Weltkrieg
Vorsignatur: OeU. 75
Format: 18*13   Schwarz-weiß
Negativfolie am oberen und unteren Rand leicht beschädigt

Best. Nr. 197

Lfd. Nr. des Findbuchs: 259

Landschaftspanorama (Gegend wahrsch. Deutschland)
o. Datum, geschätzt: Erster Weltkrieg
Vorsignatur: D. 11
Format: 18*13   Schwarz-weiß
Negativfolie an den Rändern leicht beschädigt

Best. Nr. 119

Lfd. Nr. des Findbuchs: 260

Landschaftspanorama (Gegend wahrsch. Frankreich)
o. Datum, geschätzt: Erster Weltkrieg
Vorsignatur: F. 14
Format: 18*13   Schwarz-weiß
Negativfolie an den Rändern leicht beschädigt

Best. Nr. 506

Lfd. Nr. des Findbuchs: 261

Landschaftspanorama (Gegend wahrsch. Österreich-Ungarn), unten im Bild
Sanitäter und Krankenschwestern des Roten Kreuzes
o. Datum, geschätzt: Erster Weltkrieg
Vorsignatur: OeU. 4
Format: 18*13   Schwarz-weiß
Negativfolie leicht beschädigt

Best. Nr. 262

Lfd. Nr. des Findbuchs: 262

Landschaftspanorama, im Bild zwei Gebäude, im Hintergrund Gebirge (Gegend wahrsch. Österreich-Ungarn)
o. Datum, geschätzt: Erster Weltkrieg
Vorsignatur: OeU. 52
Format: 18*13   Schwarz-weiß
Negativfolie an den Rändern leicht beschädigt

Best. Nr. 77

Lfd. Nr. des Findbuchs: 263

Waldgebiet (Gegend wahrsch. Österreich-Ungarn), vor den Bäumen ein Sanitäter des Roten Kreuzes
o. Datum, geschätzt: Erster Weltkrieg
Vorsignatur: OeU. 69
Format: 18*13   Schwarz-weiß
Negativ etwas fleckig

Alltagsleben

Best. Nr. 236

Lfd. Nr. des Findbuchs: 264

Blick auf das „Weberhaus" in Donchery im Département Ardennes in der Champagne-Ardenne, Frankreich, vor dem Haus drei Sanitäter des Roten Kreuzes und Zivilpersonen
o. Datum, geschätzt: Erster Weltkrieg
Vorsignatur: Fr. 32
Format: 18*13   Schwarz-weiß
Negativfolie an den Rändern leicht beschädigt

Best. Nr. 263

Lfd. Nr. des Findbuchs: 265

Blick auf eine Dorfstraße in einem hügeligen Gebiet (Gegend wahrsch. Österreich-Ungarn), auf der Straße mehrere Zivilpersonen
o. Datum, geschätzt: Erster Weltkrieg
Vorsignatur: OeU. 50.
Format: 18*13   Schwarz-weiß
Negativfolie an den Rändern leicht beschädigt

Best. Nr. 237

Lfd. Nr. des Findbuchs: 266

Blick auf einen Teil des „Weberhauses" in Donchery im Département Ardennes in der Champagne-Ardenne, Frankreich, im Vordergrund eine (schlecht zu erkennende) Gruppe Sanitäter des Roten Kreuzes
o. Datum, geschätzt: Erster Weltkrieg
Vorsignatur: Fr. 31
Format: 18*13   Schwarz-weiß
Negativfolie an den Rändern leicht beschädigt

Best. Nr. 246

Lfd. Nr. des Findbuchs: 267

Brückenbau (Gegend wahrsch. Frankreich), rechts neben der Brücke mehrere Personen (uniformiert?)
o. Datum, geschätzt: Erster Weltkrieg
Vorsignatur: F. 16
Format: 18*13   Schwarz-weiß

Best. Nr. 307

Lfd. Nr. des Findbuchs: 268

Dampfschiff am Bodensee in Konstanz, Deutschland, auf dem Schiff Uniformierte und Zivilpersonen

o. Datum, geschätzt: Erster Weltkrieg

Vorsignatur: D. 118

Format: 18*13   Schwarz-weiß

Negativfolie an den Rändern leicht beschädigt

Best. Nr. 19

Lfd. Nr. des Findbuchs: 269

Frauen und Kinder beim Wasser holen (Ort unbekannt, wahrsch. Osteuropa)

o. Datum (geschätzt: Erster Weltkrieg)

Vorsignatur: R. 5

Format: 18*13   Schwarz-weiß

Negativfolie am oberen Rand leicht beschädigt

Best. Nr. 171

Lfd. Nr. des Findbuchs: 270

Große Gruppe wartender Zivilpersonen auf dem Bahnsteig des Bahnhofs von Esslingen, Deutschland, durch die Menge gehen zwei Sanitäter mit einem Verwundeten auf einer Tragbahre

o. Datum, geschätzt: Erster Weltkrieg

Vorsignatur: D. 122

Format: 18*13   Schwarz-weiß

Negativfolie in der Mitte braun verfärbt

Best. Nr. 121

Lfd. Nr. des Findbuchs: 271

Kanaltunnel, vor dem Tunnel Zivilpersonen mit Pferden (Gegend wahrsch. Frankreich)

o. Datum, geschätzt: Erster Weltkrieg

Vorsignatur: F. 12

Format: 18*13   Schwarz-weiß

Negativfolie an den Rändern etwas verfärbt

Best. Nr. 504

Lfd. Nr. des Findbuchs: 272

Kuhtrieb durch eine Stadt (Gegend wahrsch. Österreich-Ungarn)
o. Datum, geschätzt: Erster Weltkrieg
Vorsignatur: OeU. 6
Format: 18*13   Schwarz-weiß
Negativfolie am unteren Rand leicht beschädigt

Best. Nr. 235

Lfd. Nr. des Findbuchs: 273

Madame F.(?) Liban in einem Zimmer in Donchery im Département Ardennes
in der Champagne-Ardenne, Frankreich
o. Datum, geschätzt: Erster Weltkrieg
Vorsignatur: Fr. 33
Format: 18*13   Schwarz-weiß
Negativfolie an den Rändern leicht beschädigt, rechte untere Ecke der Glasplatte abgebrochen

Best. Nr. 75

Lfd. Nr. des Findbuchs: 274

Versammlung einer Gruppe Zivilpersonen (evtl. Kirchgänger) auf einem
Platz, im Hintergrund eine Kirche (Gegend wahrsch. Österreich-Ungarn)
o. Datum, geschätzt: Erster Weltkrieg
Vorsignatur: OeU. 67
Format: 18*13   Schwarz-weiß
Negativfolie an den Rändern beschädigt

Best. Nr. 225

Lfd. Nr. des Findbuchs: 275

Zivilpersonen vor einer Apotheke in einem waldigen Gebiet in Ungarn
o. Datum, geschätzt: Erster Weltkrieg
Vorsignatur: OeU. 81
Format: 18*13   Schwarz-weiß
Negativfolie am oberen Rand leicht beschädigt

Best. Nr. 267

Lfd. Nr. des Findbuchs: 276

Gruppenfoto mit Sanitätern und Krankenschwestern des Roten Kreuzes nach einer Weinprobe in Sarospatak(?), Ungarn
4. Mai 1915
Vorsignatur: OeU. 19
Format: 18*13   Schwarz-weiß
Negativfolie am oberen Rand leicht beschädigt

Best. Nr. 324

Lfd. Nr. des Findbuchs: 277

Arbeiter in einer Sägemühle (Gegend wahrsch. Frankreich, Bildbeschriftung schlecht zu lesen), auf den Gleisen hinter der Mühle mehrere Güterwaggons, ganz links im Hintergrund Vereins-Lazarettzug L
16. Juli 1917
Vorsignatur: F. 49
Format: 18*13   Schwarz-weiß
Negativfolie am unteren Rand leicht beschädigt; Glasplatte fleckig

Best. Nr. 291

Lfd. Nr. des Findbuchs: 278

Gruppenfoto mit einer Frau und zwei Mädchen an einem Tisch in einem Haus(?) in Hohenmölzen, Deutschland rechts im Bild zwei Uniformierte
12. August 1917
Vorsignatur: D. 155
Format: 18*13   Schwarz-weiß
Negativfolie an den Rändern leicht beschädigt

Best. Nr. 192

Lfd. Nr. des Findbuchs: 279

Gruppenfoto mit Kindern auf einer Wiese in Lübeck, Deutschland
16. November 1917
Vorsignatur: D. 160 m
Format: 15*10   Schwarz-weiß
Negativfolie am unteren Rand leicht beschädigt

Best. Nr. 290

Lfd. Nr. des Findbuchs: 280

Personengruppe u.a. mit Walter von Oettingen in der Uniform des Roten Kreuzes (links), in einem Haus(?) in Hohenmölzen, Deutschland
12. August 1917
Vorsignatur: D. 154
Format: 18*13   Schwarz-weiß
Negativfolie an den Rändern leicht beschädigt, Negativ etwas verschwommen

Best. Nr. 300

Lfd. Nr. des Findbuchs: 281

Walter von Oettingen mit Hund „Telly" in einer Kiesgrube(?)
18. April 1917
Vorsignatur: Z. 100
Format: 18*13   Schwarz-weiß
Negativfolie an den Rändern leicht beschädigt

Best. Nr. 216

Lfd. Nr. des Findbuchs: 282

Zivilpersonen („Bahnmädels") und Uniformierte auf einem Bahnsteig (Gegend wahrsch. Österreich-Ungarn), rechts im Bild ein Sanitäter des Roten Kreuzes
15. Oktober 1917
Vorsignatur: OeU. 96 m
Format: 15*10   Schwarz-weiß
Negativfolie an den Rändern leicht beschädigt

Best. Nr. 321

Lfd. Nr. des Findbuchs: 283

Elisabeth von Oettingen mit Hund „Telly" vor der Ruine der Abtei Aulne-sur-Sambre (ehemaliges Zisterzienserkloster) in Belgien
15. Mai 1918
Vorsignatur: Fr. 56m
Format: 15*10   Schwarz-weiß
Negativfolie an den Rändern leicht beschädigt

Lfd. Nr. des Findbuchs: 284

Pflugochsen auf einem Feld in Laon im Département Aisne in der Picardie, Frankreich

8. Juli 1918

Vorsignatur: F. 50

Format: 18*13   Schwarz-weiß

Negativfolie am oberen Rand leicht beschädigt

Aufenthaltsorte der Kinder von Oettingen

Eisenach

Best. Nr. 443

Lfd. Nr. des Findbuchs: 285

Walter von Oettingen mit seiner Frau Elisabeth und seinen Kindern bei der Feier des 80. Geburtstages des Staatsrates Karl Schambach(?), dem Vater Elisabeth von Oettingens

o. Datum, geschätzt: Erster Weltkrieg

Vorsignatur: D. 77

Format: 18*13   Schwarz-weiß

Glasplatte in mehrere Teile zerbrochen

Best. Nr. 164

Lfd. Nr. des Findbuchs: 286

Das Ehepaar Schambach, die Eltern Elisabeth von Oettingens, neben einer Kutsche auf einer Straße in Eisenach, Deutschland, im Hintergrund die Eisenacher Zweigstelle der Dresdner Bank

5. Mai 1917

Vorsignatur: D. 132

Format: 18*13   Schwarz-weiß

Best. Nr. 289

Lfd. Nr. des Findbuchs: 287

Elisabeth von Oettingen mit ihren Kindern Eberhard, Peter und Agnes und ihren Eltern, dem Ehepaar Schambach, im Garten des Schambachschen Hauses in Eisenach, Deutschland

26. Juli 1917

Vorsignatur: D. 152

Format: 18*13   Schwarz-weiß

Negativfolie am oberen Rand leicht beschädigt

Best. Nr. 163

Lfd. Nr. des Findbuchs: 288

Familienfoto, unten Eberhard und Peter, die Söhne Walter und Elisabeth von Oettingens, in der Mitte das Ehepaar Schambach, die Eltern Elisabeth von Oettingens, links neben Karl Schambach Walter von Oettingen in der Uniform des Roten Kreuzes, dahinter in der Mitte Elisabeth von Oettingen
5. Mai 1917
Vorsignatur: D. 134
Format: 18*13   Schwarz-weiß
Glasplatte an den Rändern verfärbt

Best. Nr. 162

Lfd. Nr. des Findbuchs: 289

Familienfoto, vorne rechts das Ehepaar Schambach, die Eltern Elisabeth von Oettingens, dahinter Walter und Elisabeth von Oettingen in der Uniform des Roten Kreuzes
5. Mai 1917
Vorsignatur: D. 133
Format: 18*13   Schwarz-weiß
Glasplatte an den Rändern braun verfärbt

Best. Nr. 160

Lfd. Nr. des Findbuchs: 290

Gruppenfoto („Dinergruppe") u.a. mit Staatsrat Karl Schambach, dem Vater Elisabeth von Oettingens (Mitte) und Elisabeth von Oettingen (links) auf der Terrasse eines Hauses
5. Mai 1917
Vorsignatur: D. 136
Format: 18*13   Schwarz-weiß
Negativfolie am oberen Rand leicht beschädigt, linke untere Ecke der Glasplatte abgebrochen

Best. Nr. 161

Lfd. Nr. des Findbuchs: 291

Gruppenfoto („Dinergruppe") u.a. mit Staatsrat Schambach, dem Vater Elisabeth von Oettingens, geb. Schambach (Mitte) und Elisabeth von Oettingen (rechts) auf der Terrasse eines Hauses
5. Mai 1917
Vorsignatur: D. 135
Format: 18*13   Schwarz-weiß
Negativfolie an den Rändern leicht beschädigt

Best. Nr. 72

Lfd. Nr. des Findbuchs: 292

Park vor der Wartburg in Eisenach, Deutschland, im Bild u.a. Elisabeth von Oettingen

6. Mai 1917

Vorsignatur: D. 137

Format: 18*13   Schwarz-weiß

Negativfolie am unteren Rand leicht beschädigt

Best. Nr. 70

Lfd. Nr. des Findbuchs: 293

Teil der Wartburg in Eisenach, Deutschland

6. Mai 1917

Vorsignatur: D. 139

Format: 18*13   Schwarz-weiß

Negativfolie an den Rändern leicht beschädigt

Best. Nr. 71

Lfd. Nr. des Findbuchs: 294

Wartburghof in Eisenach, Deutschland, im Vordergrund u.a. Elisabeth von Oettingen mit Tochter Agnes „Agi"

6. Mai 1917

Vorsignatur: D. 138

Format: 18*13   Schwarz-weiß

Negativfolie am linken Rand leicht beschädigt

Best. Nr. 69

Lfd. Nr. des Findbuchs: 295

Zwei Kinder auf Eseln auf der Wartburg in Eisenach, Deutschland

6. Mai 1917

Vorsignatur: D. 144

Format: 18*13   Schwarz-weiß

Negativfolie am oberen und unteren Rand leicht beschädigt

Best. Nr. 433

Lfd. Nr. des Findbuchs: 296

Agnes „Agi" und Cecilie „Cess", die Töchter Walter und Elisabeth von Oettingens auf einem Stuhl auf dem Gelände der Odenwaldschule Ober-Hambach (OSO), in Hessen, Deutschland
o. Datum, geschätzt: Erster Weltkrieg
Vorsignatur: D. 94
Negativfolie an den Rändern leicht beschädigt

Best. Nr. 313

Lfd. Nr. des Findbuchs: 297

Agnes „Agi" und Cecilie „Cess", die Töchter Walter und Elisabeth von Oettingens auf einer Wiese auf dem Gelände der Odenwaldschule Ober-Hambach (OSO) in Hessen, Deutschland
o. Datum, geschätzt: Erster Weltkrieg
Vorsignatur: D. 106
Format: 18*13   Schwarz-weiß
Ein Stück der Glasplatte fehlt

Best. Nr. 442

Lfd. Nr. des Findbuchs: 298

Agnes „Agi", die Tochter Walter und Elisabeth von Oettingens, neben ihrem Geburtstagstisch in der Odenwaldschule Ober-Hambach (OSO) in Hessen, Deutschland
o. Datum, geschätzt: Erster Weltkrieg
Vorsignatur: D. 83
Format: 18*13   Schwarz-weiß
Negativfolie am linken und rechten Rand beschädigt

Best. Nr. 195

Lfd. Nr. des Findbuchs: 299

Blick auf Villen wahrsch. auf dem Gelände der Odenwaldschule Ober-Hambach (OSO) in Hessen, Deutschland, auf der Straße neben den Häusern Elisabeth von Oettingen(?) mit ihrer Tochter
o. Datum, geschätzt: Erster Weltkrieg
Vorsignatur: D. 13
Format: 18*13   Schwarz-weiß
Negativfolie an den Rändern etwas beschädigt

Best. Nr. 364

Lfd. Nr. des Findbuchs: 300

Blick auf zwei Gebäude auf dem Gelände der Odenwaldschule Ober-Hambach (OSO) in Hessen, Deutschland
o. Datum, geschätzt: Erster Weltkrieg
Vorsignatur: D. 76
Format: 18*13   Schwarz-weiß
Negativfolie an den Rändern beschädigt

Best. Nr. 312

Lfd. Nr. des Findbuchs: 301

Drei Frauen mit Körben vor einem Gebäude auf dem Gelände der Odenwald-schule Ober-Hambach (OSO) in Hessen, Deutschland
o. Datum, geschätzt: Erster Weltkrieg
Vorsignatur: D. 107
Format: 18*13   Schwarz-weiß
Glasplatte gesplittert, mehrere Stücke fehlen, Kanten scharf

Best. Nr. 196

Lfd. Nr. des Findbuchs: 302

Eberhard „Eber", Peter „Piet" und Agnes „Agi", die Kinder Walter und Eli-sabeth von Oettingens auf dem Balkon eines Gebäudes der Odenwaldschule Ober-Hambach (OSO) in Hessen, Deutschland
o. Datum, geschätzt: Erster Weltkrieg
Vorsignatur: D. 12
Format: 18*13   Schwarz-weiß
Glasplatte stark braun verfärbt

Best. Nr. 450

Lfd. Nr. des Findbuchs: 303

Eberhard, Peter und Agnes, die Kinder Walter und Elisabeth von Oettingens in ihrem Zimmer in der Odenwaldschule Ober-Hambach (OSO) in Hessen, Deutschland
o. Datum, geschätzt: Erster Weltkrieg
Vorsignatur: D. 50
Format: 18*13   Schwarz-weiß
Glasplatte an zwei Stellen gelb verfärbt

Best. Nr. 449

Lfd. Nr. des Findbuchs: 304

Eberhard, Peter und Agnes, die Kinder Walter und Elisabeth von Oettingens in ihrem Zimmer in der Odenwaldschule Ober-Hambach (OSO) in Hessen, Deutschland
o. Datum, geschätzt: Erster Weltkrieg
Vorsignatur: D. 55
Format: 18*13   Schwarz-weiß

Best. Nr. 311

Lfd. Nr. des Findbuchs: 305

Ein Junge („George"?) auf einem Pferd vor einem Gebäude der Odenwald-schule Ober-Hambach (OSO) in Hessen, Deutschland
o. Datum, geschätzt: Erster Weltkrieg
Vorsignatur: D. 108
Format: 18*13   Schwarz-weiß
Negativfolie an den Rändern leicht beschädigt

Best. Nr. 194

Lfd. Nr. des Findbuchs: 306

Agnes „Agi" und Cecilie „Cess", die Töchter Walter und Elisabeth von Oettin-gens mit einer Krankenschwester in der „Isolierstation" der Odenwaldschule Ober-Hambach (OSO) in Hessen, Deutschland
19. Oktober 1917
Vorsignatur: D. 157 m
Format: 15*10   Schwarz-weiß
Glasplatte etwas verschmutzt

Best. Nr. 292

Lfd. Nr. des Findbuchs: 307

Agnes „Agi" und Cecilie „Cess", die Töchter Walter und Elisabeth von Oettin-gens mit einer Krankenschwester auf der „Isolierstation" der Odenwaldschule Ober-Hambach (OSO) in Hessen, Deutschland
19. Oktober 1917
Vorsignatur: D. 156
Format: 18*13   Schwarz-weiß
Negativfolie am rechten Rand leicht beschädigt

Best. Nr. 193

Lfd. Nr. des Findbuchs: 308

Agnes „Agi" und Cecilie „Cess", die Töchter Walter und Elisabeth von Oettingens in der „Isolierstation" der Odenwaldschule Ober-Hambach (OSO) in Hessen, Deutschland
19. Oktober 1917
Vorsignatur: D. 158 m
Format: 15*10   Schwarz-weiß
Negativfolie am rechten Rand leicht beschädigt

Best. Nr. 65

Lfd. Nr. des Findbuchs: 309

Agnes „Agi", die Tochter Walter und Elisabeth von Oettingens vor einer Kapelle auf dem Gelände der Odenwaldschule Ober-Hambach (OSO) in Hessen, Deutschland
18. Juni 1917
Vorsignatur: D. 144
Format: 18*13   Schwarz-weiß
Negativfolie an den Rändern leicht beschädigt

Best. Nr. 190

Lfd. Nr. des Findbuchs: 310

Agnes „Agi", die Tochter Walter und Elisabeth von Oettingens auf einem Stuhl in einem Gebäude der Odenwaldschule Ober-Hambach (OSO) in Hessen, Deutschland
28. Dezember 1917
Vorsignatur: D. 166 m
Format: 15*10   Schwarz-weiß

Best. Nr. 67

Lfd. Nr. des Findbuchs: 311

Das Goethehaus der Odenwaldschule Ober-Hambach (OSO) in Hessen, Deutschland, vor dem Gebäude und an den Fenstern die Schüler und Lehrer
17. Juni 1917
Vorsignatur: D. 142
Format: 18*13   Schwarz-weiß
Negativfolie an den Rändern leicht beschädigt, am unteren rechten Rand gebräunt, Verdacht auf Schimmelbefall an der Pergaminhülle, Pergaminhülle separat

Best. Nr. 66

Das Goethehaus der Odenwaldschule Ober-Hambach (OSO) in Hessen, Deutschland, vor dem Gebäude und an den Fenstern die Schüler und Lehrer
17. Juni 1917
Vorsignatur: D. 143
Format: 18*13   Schwarz-weiß
Negativfolie an den Rändern leicht beschädigt

Best. Nr. 191

Eberhard, Peter, Agnes und Cecilie, die Kinder Walter und Elisabeth von Oettingens in ihrem Schlafzimmer in der Odenwaldschule Ober-Hambach (OSO) in Hessen, Deutschland
27. Dezember 1917
Vorsignatur: D. 165 m
Format: 15*10   Schwarz-weiß

Best. Nr. 185

Eberhard, Peter, Agnes und Cecilie, die Kinder Walter und Elisabeth von Oettingens mit einem Hund auf einer Bank auf dem Gelände der Odenwaldschule Ober-Hambach (OSO), Hessen, Deutschland
11. April 1918
Vorsignatur: D. 180 m
Format: 15*10   Schwarz-weiß
Negativfolie am linken Rand leicht beschädigt

Best. Nr. 403

Familie von Oettingen (Walter, Elisabeth und die vier Kinder Eberhard, Peter, Agnes und Cecilie) auf einer Bank auf dem Gelände der Odenwaldschule Ober-Hambach (OSO) in Hessen, Deutschland
1. April 1918
Vorsignatur: D. 181
Format: 18*13   Schwarz-weiß
Negativfolie an den Rändern leicht beschädigt

Sonstige Orte

Best. Nr. 451

Lfd. Nr. des Findbuchs: 316

Agnes „Agi", die Tochter Walter und Elisabeth von Oettingens sprengt die Blumen in Garten eines Hauses (Bildbeschriftung lautet: „Haus am Hang", Gegend wahrsch. Deutschland)
o. Datum, geschätzt: Erster Weltkrieg
Vorsignatur: D. 43
Format: 18*13   Schwarz-weiß
Negativfolie an den Rändern leicht beschädigt

Best. Nr. 445

Lfd. Nr. des Findbuchs: 317

Cecilie „Cec" (öfter auch: „Cess"), die Tochter Elisabeth und Walter von Oettingens im Kinderwagen
o. Datum, geschätzt: Erster Weltkrieg
Vorsignatur: D. 42
Format: 18*13   Schwarz-weiß
Negativfolie am linken Rand leicht beschädigt

Best. Nr. 168

Lfd. Nr. des Findbuchs: 318

Cecilie „Cess", die Tochter Walter und Elisabeth von Oettingens im Kinderwagen
o. Datum, geschätzt: Erster Weltkrieg
Vorsignatur: D. 127
Format: 18*13   Schwarz-weiß
Negativfolie am oberen Rand leicht beschädigt

Best. Nr. 452

Lfd. Nr. des Findbuchs: 319

Die Taufe Cecilie von Oettingens, im Bild auch Walter und Elisabeth von Oettingen
o. Datum, geschätzt: Erster Weltkrieg
Vorsignatur: D. 44
Format: 18*13   Schwarz-weiß
Negativfolie an den Rändern leicht beschädigt

Best. Nr. 447

Lfd. Nr. des Findbuchs: 320

Die Taufe Cecilie von Oettingens, im Bild auch Walter und Elisabeth von Oettingen
o. Datum, geschätzt: Erster Weltkrieg
Vorsignatur: D. 45
Format: 18*13   Schwarz-weiß
Negativfolie an den Rändern leicht beschädigt

Best. Nr. 167

Lfd. Nr. des Findbuchs: 321

Eberhard von Oettingen gibt seiner Schwester Cecilie „Cess" die Flasche
o. Datum, geschätzt: Erster Weltkrieg
Vorsignatur: D. 128
Format: 18*13   Schwarz-weiß
Negativfolie am rechten Rand leicht beschädigt

Best. Nr. 199

Lfd. Nr. des Findbuchs: 322

Eberhard, Peter und Agnes, die Kinder Walter und Elisabeth von Oettingens
am „Eulenhaus" (Gegend wahrsch. Deutschland)
o. Datum, geschätzt: Erster Weltkrieg
Vorsignatur: D. 9
Format: 18*13   Schwarz-weiß
Negativfolie am oberen Rand beschädigt

Best. Nr. 435

Lfd. Nr. des Findbuchs: 323

Elisabeth von Oettingen(?) badet ihre Tochter Cecilie „Cess"
o. Datum, geschätzt: Erster Weltkrieg
Vorsignatur: D. 96
Format: 18*13   Schwarz-weiß
Negativfolie am oberen Rand leicht beschädigt, Glasplatte etwas verfärbt

Best. Nr. 434

Lfd. Nr. des Findbuchs: 324

Elisabeth von Oettingen mit ihrer Tochter Cecilie „Cess"
o. Datum, geschätzt: Erster Weltkrieg
Vorsignatur: D. 95
Format: 18*13   Schwarz-weiß
Negativfolie an den Rändern leicht beschädigt, Glasplatte etwas fleckig

Best. Nr. 198

Lfd. Nr. des Findbuchs: 325

Walter und Elisabeth von Oettingen in der Uniform des Roten Kreuzes mit ihren drei Kindern Eberhard, Peter und Agnes in einem Wald (Gegend wahrsch. Deutschland)
o. Datum, geschätzt: Erster Weltkrieg
Vorsignatur: D. 10
Format: 18*13   Schwarz-weiß
Negativfolie an den Rändern leicht beschädigt

Militärische Aufnahmen

Best. Nr. 241

Lfd. Nr. des Findbuchs: 326

Blick auf die Bahngleise vor dem Feldlager deutscher Soldaten in Landres im Département Meurthe Et Moselle in Lothringen (Lorraine), Frankreich, im Hintergrund die Solaten
o. Datum, geschätzt: Erster Weltkrieg
Vorsignatur: Fr. 24
Format: 18*13   Schwarz-weiß
Negativfolie am oberen Rand leicht verfärbt, am unteren Rand leicht beschädigt

Best. Nr. 330

Lfd. Nr. des Findbuchs: 327

Blick auf ein schlossähnliches Gebäude in einer Großstadt (Gegend wahrsch. Osteuropa), auf den Straßen Uniformierte
o. Datum, geschätzt: Erster Weltkrieg
Vorsignatur: Ab. 1
Format: 18*13   Schwarz-weiß
Negativfolie an den Rändern leicht beschädigt

Best. Nr. 78

Lfd. Nr. des Findbuchs: 328

Dorfstraße, links und rechts im Bild mehrere Kanonen (Gegend wahrsch. Österreich-Ungarn)
o. Datum; geschätzt: Erster Weltkrieg
Vorsignatur: OeU. 14
Format: 18*13   Schwarz-weiß
Negativfolie an den Rändern leicht beschädigt

Best. Nr. 380

Lfd. Nr. des Findbuchs: 329

Ein Heeresbeamter der deutschen Armee und ein weiterer Uniformierter vor einem Waggon des Vereins-Lazarettzuges L

o. Datum, geschätzt: Erster Weltkrieg

Vorsignatur: Z. 77

Format: 18*13   Schwarz-weiß

Negativfolie am rechten Rand leicht beschädigt

Best. Nr. 239

Lfd. Nr. des Findbuchs: 330

Feldlager der deutschen Armee bei Landres im Département Meurthe Et Moselle in Lothringen (Lorraine), Frankreich, im Bild eine große Gruppe schlafender Soldaten, im Hintergrund mehrere Kutschen, links im Bild die Ruine eines großen Gebäudes

o. Datum, geschätzt: Erster Weltkrieg

Vorsignatur: Fr. 26

Format: 18*13   Schwarz-weiß

Negativfolie am unteren Rand leicht beschädigt

Best. Nr. 142

Lfd. Nr. des Findbuchs: 331

Feldweg bei Stenay im Département Meuse in Lothringen (Lorraine), Frankreich, links im Bild zwei Uniformierte und vier Kutschpferde, im Hintergrund weidende Kühe

o. Datum, geschätzt: Erster Weltkrieg

Vorsignatur: F. 36

Format: 18*13   Schwarz-weiß

Negativfolie an einer Stelle gebräunt

Best. Nr. 427

Lfd. Nr. des Findbuchs: 332

Foto eines Uniformierten auf einer Plattform des Vereins-Lazarettzuges L (Bildbeschriftung lautet wahrsch.: Leutnant A. Coenen)

o. Datum, geschätzt: Erster Weltkrieg

Vorsignatur: Z. 83

Format: 18*13   Schwarz-weiß

Negativfolie an den Rändern leicht beschädigt; Glasplatte etwas verschmutzt

Best. Nr. 124

Lfd. Nr. des Findbuchs: 333

Grabstätte von Herbert Alexander Thiemer, gefallen 1914
o. Datum, geschätzt: Erster Weltkrieg
Vorsignatur: F. 9
Format: 18*13   Schwarz-weiß

Best. Nr. 130

Lfd. Nr. des Findbuchs: 334

Rathausplatz in Laon im Département Aisne in der Picardie, Frankreich, vor
dem Rathaus eine Gruppe Uniformierter mit Pferden, vorne im Bild Sanitäter
des Roten Kreuzes
o. Datum, geschätzt: Erster Weltkrieg
Vorsignatur: F. 3
Format: 18*13   Schwarz-weiß
Negativfolie am oberen Rand leicht beschädigt

Best. Nr. 240

Lfd. Nr. des Findbuchs: 335

Schienenstrang mit mehreren Gleisen, auf einem Bahnsteig dahinter deutsche
Soldaten mit Kutschen, im Hintergrund Güterwaggons (Gegend wahrsch.
Frankreich)
o. Datum, geschätzt: Erster Weltkrieg
Vorsignatur: Fr. 25
Format: 18*13   Schwarz-weiß
Negativfolie am oberen Rand leicht beschädigt

Best. Nr. 503

Lfd. Nr. des Findbuchs: 336

Zivilpersonen und Uniformierte auf einem Platz, rechts und links im Bild
Holzbaracken (Feldlager?), im Hintergrund die Häuser einer Stadt (Gegend
wahrsch. Österreich-Ungarn)
o. Datum, geschätzt: Erster Weltkrieg
Vorsignatur: OeU. 7
Format: 18*13   Schwarz-weiß
Negativfolie am oberen Rand leicht beschädigt

Best. Nr. 139

Lfd. Nr. des Findbuchs: 337

Zu Blasmusik marschierende Truppen (deutsche Infanteristen)
o. Datum, geschätzt: Erster Weltkrieg
Vorsignatur: F. 39
Format: 18*13   Schwarz-weiß
Negativfolie an den Rändern leicht beschädigt

Best. Nr. 215

Lfd. Nr. des Findbuchs: 338

Gräber gefallener deutscher Soldaten in Stryj, Ukraine
10. Oktober 1917
Vorsignatur: OeU. 94
Format: 18*13   Schwarz-weiß

Best. Nr. 214

Lfd. Nr. des Findbuchs: 339

Gräber gefallener türkischer Soldaten in Stryj, Ukraine
11. Oktober 1917
Vorsignatur: OeU. 95
Format: 18*13   Schwarz-weiß
Negativfolie an den Rändern verfärbt

Best. Nr. 133

Lfd. Nr. des Findbuchs: 340

Lastwagen mit Zuaven (französische Soldaten), vor dem Wagen ein deutscher
Soldat
13. Juni 1917
Vorsignatur: F. 48
Format: 18*13   Schwarz-weiß
Negativfolie an den Rändern leicht beschädigt

Zerstörungen

Best. Nr. 13

Lfd. Nr. des Findbuchs: 341

Belebte Straße in einer unbekannten Stadt (Gegend wahrsch. Russland), rechts (wahrsch. durch Bomben) zerstörte Gebäude

o. Datum (geschätzt: Erster Weltkrieg)

Vorsignatur: R. 14

Format: 18*13   Schwarz-weiß

Best. Nr. 328

Lfd. Nr. des Findbuchs: 342

Beschädigtes Haus in einer Großstadt (Bombentreffer?)

o. Datum, geschätzt: Erster Weltkrieg

Vorsignatur: Ab. 2

Format: 18*13   Schwarz-weiß

Negativfolie an den Rändern leicht beschädigt

Best. Nr. 245

Lfd. Nr. des Findbuchs: 343

Blick auf eine zerstörte Brücke über einem Fluss (Gegend wahrsch. Frankreich)

o. Datum, geschätzt: Erster Weltkrieg

Vorsignatur: F. 17

Format: 18*13   Schwarz-weiß

Negativfolie an mehreren Stellen leicht beschädigt

Best. Nr. 242

Lfd. Nr. des Findbuchs: 344

Blick auf eine zerstörte Eisenbahnbrücke (Gegend wahrsch. Frankreich), ebenfalls im Bild vier Uniformierte

o. Datum, geschätzt: Erster Weltkrieg

Vorsignatur: F. 20

Format: 18*13   Schwarz-weiß

Negativfolie am unteren Rand leicht beschädigt

Best. Nr. 243

Lfd. Nr. des Findbuchs: 345

Blick auf einen Platz in einer Stadt (Gegend wahrsch. Frankreich), links im
Bild (wahrsch. durch Bomben) zerstörte Gebäude, davor Uniformierte und
Zivilpersonen
o. Datum, geschätzt: Erster Weltkrieg
Vorsignatur: F. 19
Format: 18*13   Schwarz-weiß
Negativfolie am unteren Rand leicht beschädigt

Best. Nr. 144

Lfd. Nr. des Findbuchs: 346

Stadtpanorama Donchery an der Maas im Département Ardennes in der
Champagne-Ardenne, Frankreich, im Hintergrund (wahrsch. durch Bomben)
zerstörte Häuser
o. Datum, geschätzt: Erster Weltkrieg
Vorsignatur: Fr. 34
Format: 18*13   Schwarz-weiß
Negativfolie an den Rändern leicht beschädigt

Best. Nr. 73

Lfd. Nr. des Findbuchs: 347

Zerstörte Brücke, davor Zivilpersonen (Gegend wahrsch. Österreich-Ungarn)
o. Datum, geschätzt: Erster Weltkrieg
Vorsignatur: OeU. 61
Format: 18*13   Schwarz-weiß
Negativfolie leicht beschädigt

Best. Nr. 325

Lfd. Nr. des Findbuchs: 348

Zerstörtes Gebäude, links im Bild ein Sanitäter des Roten Kreuzes
o. Datum, geschätzt: Erster Weltkrieg
Vorsignatur: Ab 6.
Format: 8,5*9,5   Schwarz-weiß
Negativfolie am oberen Rand leicht beschädigt

Best. Nr. 322

Lfd. Nr. des Findbuchs: 349

Zerstörtes Gebäude (Bildbeschriftung lautet „St. Quentin Haus", Gegend wahrsch. Frankreich)
5. April 1918
Vorsignatur: F. 51
Format: 18*13   Schwarz-weiß
Negativfolie an den Rändern leicht beschädigt

Lazarettzug L

Alltag

Best. Nr. 176

Lfd. Nr. des Findbuchs: 350

Ein Künstler bei der Gestaltung einer Büste nach dem Kopf Walter von Oettingens in einem Abteil des Vereins-Lazarettzuges L
o. Datum, geschätzt: Erster Weltkrieg
Vorsignatur: Z. 21
Format: 18*13   Schwarz-weiß
Negativfolie am oberen Rand leicht beschädigt

Best. Nr. 334

Lfd. Nr. des Findbuchs: 351

Ein Maler fertigt ein Portät von Walter von Oettingen(?) an, rechts im Bild Vereins-Lazarettzug L
o. Datum, geschätzt: Erster Weltkrieg
Vorsignatur: Z. 4
Format: 18*13   Schwarz-weiß
Negativfolie am unteren Rand leicht beschädigt, brauner Fleck rechts unten auf der Glasplatte

Best. Nr. 175

Lfd. Nr. des Findbuchs: 352

Vereins-Lazarettzug L, neben dem Zug eine Gruppe singender Sanitäter
o. Datum, geschätzt: Erster Weltkrieg
Vorsignatur: Z. 20
Format: 18*13   Schwarz-weiß
Negativfolie an den Rändern leicht beschädigt

Best. Nr. 166

Lfd. Nr. des Findbuchs: 353

Personengruppe mit Frauen, Kindern und Sanitätern des Roten Kreuzes beim
Ostereier suchen im Wald (Gegend wahrsch. Deutschland)
8. April 1917
Vorsignatur: D. 129
Format: 18*13   Schwarz-weiß
Negativfolie am unteren Rand leicht beschädigt

Best. Nr. 297

Lfd. Nr. des Findbuchs: 354

Elisabeth von Oettingen an ihrem Geburtstag in ihrem Wohnabteil des Ver-
eins-Lazarettzuges L
15. Mai 1918
Vorsignatur: Z. 112
Format: 18*13   Schwarz-weiß
Negativfolie an den Rändern leicht beschädigt

Güterversorgung

Best. Nr. 426

Lfd. Nr. des Findbuchs: 355

Proviantierung für die Besatzung des Vereins-Lazarettzuges L in Longuyon
im Département Meurthe Et Moselle in Lothringen (Lorraine), Frankreich,
links im Bild eine Kutsche mit Sanitätern des Roten Kreuzes, rechts daneben
Vereins-Lazarettzug L
o. Datum, geschätzt: Erster Weltkrieg
Vorsignatur: Z. 84
Format: 18*13   Schwarz-weiß
Negativfolie an den Rändern leicht beschädigt

Best. Nr. 251

Lfd. Nr. des Findbuchs: 356

Verladung von Kisten von einem Zug in den anderen (wahrsch. in den Ver-
eins-Lazarettzug L), zwischen den Zügen Sanitäter des Roten Kreuzes
o. Datum, geschätzt: Erster Weltkrieg
Vorsignatur: Z. 39
Format: 18*13   Schwarz-weiß
Negativfolie an den Rändern leicht beschädigt

Familienbesuch

Best. Nr. 423

Lfd. Nr. des Findbuchs: 357

Eberhard, Peter und Agnes, die Kinder Walter und Elisabeth von Oettingens in einem weihnachtlich geschmückten Abteil des Vereins-Lazarettzuges L, Eberhard von Oettingen spielt Gitarre
o. Datum, geschätzt: Erster Weltkrieg, Weihnachten
Vorsignatur: Z. 90
Format: 18*13   Schwarz-weiß
Braune Flecken auf der Glasplatte

Best. Nr. 424

Lfd. Nr. des Findbuchs: 358

Eberhard, Peter und Agnes, die Kinder Walter und Elisabeth von Oettingens in einem weihnachtlich geschmückten Abteil des Vereins-Lazarettzuges L, Eberhard von Oettingen spielt Gitarre
o. Datum, geschätzt: Erster Weltkrieg, Weihnachten
Vorsignatur: Z. 89
Format: 18*13   Schwarz-weiß
Negativfolie am oberen Rand leicht beschädigt

Best. Nr. 401

Lfd. Nr. des Findbuchs: 359

Eberhard, Peter, Agnes und Cecilie, die Kinder Walter und Elisabeth von Oettingens mit mehreren Erwachsenen an Bahngleisen in Frankfurt (Halt des Vereins-Lazarettzuges L)
o. Datum, geschätzt: Erster Weltkrieg
Vorsignatur: D. 185
Format: 18*13   Schwarz-weiß
Glasplatte zerbrochen und stark verschmutzt

Best. Nr. 388

Lfd. Nr. des Findbuchs: 360

Walter und Elisabeth von Oettingen mit ihren drei Kindern Eberhard, Peter und Agnes und einem alten Mann im Esszimmer des Vereins-Lazarettzuges L
o. Datum, geschätzt: Erster Weltkrieg
Vorsignatur: Z. 58
Format: 18*13   Schwarz-weiß
Negativfolie am unteren Rand leicht beschädigt

Best. Nr. 422

Lfd. Nr. des Findbuchs: 361

Walter von Oettingen mit seiner Frau Elisabeth, seinen drei Kindern Eberhard, Peter und Agnes und Hund „Telly" in einem weihnachtlich geschmückten Abteil des Vereins-Lazarettzuges L

o. Datum, geschätzt: Erster Weltkrieg, Weihnachten

Vorsignatur: Z. 91

Format: 18*13   Schwarz-weiß

Negativfolie am unteren Rand leicht beschädigt

Best. Nr. 301

Lfd. Nr. des Findbuchs: 362

Walter und Elisabeth von Oettingen mit ihren beiden Söhnen Eberhard und Peter und Hund „Telly" in einem Abteil des Vereins-Lazarettzuges L beim „Ostereier rollen"

8. April 1917

Vorsignatur: Z. 99

Format: 18*13   Schwarz-weiß

Negativfolie am linken Rand leicht beschädigt

Sanitätswesen

Best. Nr. 366

Lfd. Nr. des Findbuchs: 363

Ausladung Verwundeter aus dem Vereins-Lazarettzug L in Heidelberg, Deutschland, im Bild Sanitäter und Krankenschwestern des Roten Kreuzes und Verwundete auf Tragbahren

o. Datum, geschätzt: Erster Weltkrieg

Vorsignatur: D. 67

Format: 18*13   Schwarz-weiß

Negativfolie am oberen Rand leicht beschädigt

Best. Nr. 131

Lfd. Nr. des Findbuchs: 364

Bahnhofsgebäude in Frankreich, vor dem Gebäude eine große Gruppe Sanitäter des Roten Kreuzes, mehrere Sanitätskutschen und Tragbahren (wahrsch. zum Zugtransport bestimmt)

o. Datum, geschätzt: Erster Weltkrieg

Vorsignatur: F. 2

Format: 18*13   Schwarz-weiß

Negativfolie an den Rändern leicht beschädigt, Glasplatte rechts oben verfärbt

Best. Nr. 254

Lfd. Nr. des Findbuchs: 365

Behandlung eines Jungen in einem Abteil des Vereins-Lazarettzuges L, im Raum Sanitäter und Krankenschwestern des Roten Kreuzes, darunter Elisabeth von Oettingen (links)
o. Datum, geschätzt: Erster Weltkrieg
Vorsignatur: Z. 43
Format: 18*13   Schwarz-weiß
Negativfolie an den Rändern leicht beschädigt

Best. Nr. 430

Lfd. Nr. des Findbuchs: 366

Sanitäter des Roten Kreuzes bei der Ausladung eines Verwundeten(?) auf dem Bahnhof von Mainz, Deutschland
o. Datum, geschätzt: Erster Weltkrieg
Vorsignatur: Z. 80
Format: 18*13   Schwarz-weiß
Negativfolie an den Rändern leicht beschädigt

Best. Nr. 172

Lfd. Nr. des Findbuchs: 367

Sanitäter des Roten Kreuzes bei der Verladung eines Verwundeten in den Vereins-Lazarettzug L
o. Datum, geschätzt: Erster Weltkrieg
Vorsignatur: Z. 17
Format: 18*13   Schwarz-weiß
Negativ am unteren Rand verfärbt, Verdacht auf Schimmelbefall an der Pergaminhülle, Pergaminhülle separat

Best. Nr. 384

Lfd. Nr. des Findbuchs: 368

Sanitäter des Roten Kreuzes bei einem Verwundeten im Vereins-Lazarettzug L? (Motiv sehr schlecht zu erkennen)
o. Datum, geschätzt: Erster Weltkrieg
Vorsignatur: Z. 65
Format: 18*13   Schwarz-weiß
Negativfolie am unteren Rand leicht beschädigt, Negativ stark verblasst

Best. Nr. 173

Lfd. Nr. des Findbuchs: 369

Sanitäter und Krankenschwestern des Roten Kreuzes bei der Versorgung Verwundeter in einem Abteil des Vereins-Lazarettzuges L, links vorne im Bild Walter von Oettingen

o. Datum, geschätzt: Erster Weltkrieg

Vorsignatur: Z. 18

Format: 18*13   Schwarz-weiß

Negativfolie an den Rändern leicht beschädigt, Verdacht auf Schimmelbefall an der Pergaminhülle, Pergaminhülle separat

Best. Nr. 257

Lfd. Nr. des Findbuchs: 370

Seitenansicht einiger Waggons des Vereins-Lazarettzuges L („Spezialwagen"), in den Waggontüren mehrere Verwundete, vor dem Zug Krankenschwestern und Sanitäter des Roten Kreuzes (zweites Motiv, die Innenansicht eines Waggons, darüber fotografiert)

o. Datum, geschätzt: Erster Weltkrieg

Vorsignatur: Z. 48

Format: 18*13   Schwarz-weiß

Negativfolie an den Rändern beschädigt

Best. Nr. 336

Lfd. Nr. des Findbuchs: 371

Verladung eines Verwundeten in den Schlafwagen des Vereins-Lazarettzuges L, neben dem Zug Sanitäter des Roten Kreuzes

o. Datum, geschätzt: Erster Weltkrieg

Vorsignatur: Z. 6

Format: 18*13   Schwarz-weiß

Negativ etwas blass

Best. Nr. 335

Lfd. Nr. des Findbuchs: 372

Verladung eines Verwundeten in den Schlafwagen des Vereins-Lazarettzuges L, neben dem Zug Sanitäter des Roten Kreuzes

o. Datum, geschätzt: Erster Weltkrieg

Vorsignatur: Z. 5

Format: 18*13   Schwarz-weiß

Best. Nr. 127

Lfd. Nr. des Findbuchs: 373
Verladung Verwundeter in den Vereins-Lazarettzug L am Bahnhof von Guignicourt im Département Aisne in der Picardie, Frankreich, neben dem Zug Verwundete auf Tragbahren, Sanitäter des Roten Kreuzes und deutsche Soldaten
o. Datum, geschätzt: Erster Weltkrieg
Vorsignatur: F. 6
Format: 18*13   Schwarz-weiß
Negativfolie an den Rändern leicht beschädigt

Best. Nr. 129

Lfd. Nr. des Findbuchs: 374
Verladung Verwundeter in den Vereins-Lazarettzug L, im Vordergrund Sanitätswagen und -kutschen, Sanitäter, Uniformierte und Verwundete auf Tragbahren
o. Datum, geschätzt: Erster Weltkrieg
Vorsignatur: F. 4
Format: 18*13   Schwarz-weiß

Best. Nr. 137

Lfd. Nr. des Findbuchs: 375
Verladung Verwundeter in den Vereins-Lazarettzug L, neben dem Zug mehrere Sanitätswagen des Roten Kreuzes, Sanitäter und Verwundete auf Tragbahren
o. Datum, geschätzt: Erster Weltkrieg
Vorsignatur: F. 41
Format: 18*13   Schwarz-weiß
Negativfolie am oberen Rand leicht beschädigt

Best. Nr. 126

Lfd. Nr. des Findbuchs: 376
Verladung Verwundeter in den Vereins-Lazarettzug L, neben dem Zug Sanitäter, Soldaten, Tragbahren und Transportkutschen des Roten Kreuzes
o. Datum, geschätzt: Erster Weltkrieg
Vorsignatur: F. 7
Format: 18*13   Schwarz-weiß
Negativfolie am unteren Rand leicht beschädigt

Best. Nr. 385

Lfd. Nr. des Findbuchs: 377

Verwundete und Sanitäter des Roten Kreuzes in einem Schlafabteil des Vereins-Lazarettzuges L (oben links ein Schild mit der Aufschrift: „Traube 13")
o. Datum, geschätzt: Erster Weltkrieg
Vorsignatur: Z. 63
Format: 18*13   Schwarz-weiß
Negativfolie am oberen Rand leicht beschädigt

Best. Nr. 386

Lfd. Nr. des Findbuchs: 378

Verwundete und Sanitäter des Roten Kreuzes in einem Schlafabteil des Vereins-Lazarettzuges L (Bildbeschriftung lautet: „Meyers Bruder")
o. Datum, geschätzt: Erster Weltkrieg
Vorsignatur: Z. 62
Format: 18*13   Schwarz-weiß
Negativfolie am oberen Rand leicht beschädigt

Best. Nr. 390

Lfd. Nr. des Findbuchs: 379

Walter von Oettingen mit seiner Frau Elisabeth bei der Versorgung Verwundeter im Vereins-Lazarettzug L
o. Datum, geschätzt: Erster Weltkrieg
Vorsignatur: Z. 54
Format: 18*13   Schwarz-weiß
Negativfolie an den Rändern leicht beschädigt, Glasplatte leicht verkratzt

Best. Nr. 368

Lfd. Nr. des Findbuchs: 380

Zwei Motive übereinander fotografiert, im Bild Krankenschwestern, Verwundete und Uniformierte
o. Datum, geschätzt: Erster Weltkrieg
Vorsignatur: D. 65
Format: 18*13   Schwarz-weiß
Glasplatte am unteren Rand leicht beschädigt

Best. Nr. 180

Lfd. Nr. des Findbuchs: 381

Krankenabteil im Vereins-Lazarettzug L, auf den Betten Verwundete, dahinter Sanitäter und eine Krankenschwester des Roten Kreuzes
4. März 1915
Vorsignatur: Z. 25
Format: 18*13   Schwarz-weiß
Negativfolie am unteren Rand leicht beschädigt

Fliegerangriff

Best. Nr. 6

Lfd. Nr. des Findbuchs: 382

Dokumentation der Schäden im Esszimmer des Vereins-Lazarettzuges L nach einem Fliegerangriff in Guise im Département Aisne in der Picardie, Frankreich, in der Abteiltür ein Sanitäter des Roten Kreuzes
1. Juni 1918
Vorsignatur: Z. 115m
Format: 15*10   Schwarz-weiß
Negativfolie löst sich oben ab

Best. Nr. 318

Lfd. Nr. des Findbuchs: 383

Seitenansicht eines Waggons des Vereins-Lazarettzuges L nach einem Fliegerangriff in Guise im Département Aisne in der Picardie, Frankreich, im Hintergrund ein zerstörtes Gebäude
1. Juni 1918
Vorsignatur: F. 58
Format: 18*13   Schwarz-weiß
Glasplatte nur halb belichtet

Best. Nr. 5

Lfd. Nr. des Findbuchs: 384

Vereins-Lazarettzug L in Guise im Département Aisne in der Picardie, Frankreich, nach einem Fliegerangriff, links im Bild Sanitäter des Roten Kreuzes
1. Juni 1918
Vorsignatur: Z. 114
Format: 18*13   Schwarz-weiß
Negativfolie löst sich unten ab

Haltepunkte

Best. Nr. 170

Lfd. Nr. des Findbuchs: 385

Bahnhof in Karlsruhe, Deutschland, links im Bild Vereins-Lazarettzug L
o. Datum, geschätzt: Erster Weltkrieg
Vorsignatur: D. 123
Format: 18*13   Schwarz-weiß
Negativfolie am oberen Rand leicht beschädigt

Best. Nr. 14

Lfd. Nr. des Findbuchs: 386

Bahnhof von Zawiercie, Polen, auf dem Bahnsteig wartende Uniformierte und
Zivilpersonen (aus einem Zug aufgenommen)
o. Datum (geschätzt: Erster Weltkrieg)
Vorsignatur: R. 10
Format: 18*13   Schwarz-weiß
Negativfolie am oberen Rand etwas beschädigt

Best. Nr. 140

Lfd. Nr. des Findbuchs: 387

Bahnhofsgebäude? von St. Juvin im Département Ardennes in der
Champagne-Ardenne, Frankreich, auf der Treppe vor dem Gebäude
mehrere Sanitäter des Roten Kreuzes
o. Datum, geschätzt: Erster Weltkrieg
Vorsignatur: F2. 38
Format: 18*13   Schwarz-weiß
Negativfolie am unteren Rand leicht beschädigt

Best. Nr. 219

Lfd. Nr. des Findbuchs: 388

Bahnhofsgebäude (Name teilweise verdeckt), auf dem Bahnsteig und den
Gleisen mehrere Uniformierte (Gegend wahrsch. Österreich-Ungarn)
o. Datum, geschätzt: Erster Weltkrieg
Vorsignatur: OeU. 88
Format: 18*13   Schwarz-weiß
Negativ verblasst, Negativfolie am oberen Rand leicht beschädigt

Best. Nr. 102

Lfd. Nr. des Findbuchs: 389

Bahnhofsgebäude von Wilna (Vilnius), Litauen, auf dem Bahnsteig wartende Zivilpersonen

o. Datum, geschätzt: Erster Weltkrieg

Vorsignatur: R. 22

Format: 18*13   Schwarz-weiß

Negativfolie am unteren Rand leicht beschädigt

Best. Nr. 204

Lfd. Nr. des Findbuchs: 390

Blick auf mehrere Schienenstränge an einem Bahnhof (Gegend wahrsch. Deutschland), rechts und links im Bild zwei Lazarettzüge, im Hintergrund Häuser einer Stadt

o. Datum, geschätzt: Erster Weltkrieg

Vorsignatur: D. 4

Format: 18*13   Schwarz-weiß

Negativfolie an den Rändern leicht beschädigt

Best. Nr. 217

Lfd. Nr. des Findbuchs: 391

Schienenstrang mit mehreren Gleisen, rechts Vereins-Lazarettzug L, dahinter Häuser einer Stadt, links im Bild Uniformierte vor einem Bretterwall (Gegend wahrsch. Österreich-Ungarn)

o. Datum, geschätzt: Erster Weltkrieg

Vorsignatur: OeU. 92

Format: 18*13   Schwarz-weiß

Negativfolie am oberen und unteren Rand leicht beschädigt

Best. Nr. 343

Lfd. Nr. des Findbuchs: 392

Seitenansicht des Schlafwagens des Vereins-Lazarettzuges L, vor dem Zug und an den Abteilfenstern Sanitäter und Krankenschwestern des Roten Kreuzes, im Hintergrund ein Bahnhofsgebäude(?)

o. Datum, geschätzt: Erster Weltkrieg

Vorsignatur: Z. 13

Format: 18*13   Schwarz-weiß

Glasplatte gelb verfärbt

Best. Nr. 271

Lfd. Nr. des Findbuchs: 393

Seitenansicht des Vereins-Lazarettzuges L (von einem Bahnsteig aus fotografiert), am Zug Sanitäter des Roten Kreuzes, auf dem Bahnsteig Zivilpersonen und Uniformierte (Gegend wahrsch. Österreich-Ungarn)

o. Datum, geschätzt: Erster Weltkrieg

Vorsignatur: OeU. 15

Format: 18*13   Schwarz-weiß

Negativfolie in der Mitte braun verfärbt

Best. Nr. 317

Lfd. Nr. des Findbuchs: 394

Seitenansicht des Vereins-Lazarettzuges L in Pforzheim, Deutschland, vor dem Zug Sanitäter des Roten Kreuzes und Zivilpersonen, im Hintergrund die Häuser der Stadt

o. Datum, geschätzt: Erster Weltkrieg

Vorsignatur: D. 101

Format: 18*13   Schwarz-weiß

Glasplatte in der Mitte gebräunt, mehrere Ecken abgesplittert

Best. Nr. 316

Lfd. Nr. des Findbuchs: 395

Seitenansicht des Vereins-Lazarettzuges L in Pforzheim, Deutschland, vor dem Zug Sanitäter des Roten Kreuzes und Zivilpersonen, im Hintergrund die Häuser der Stadt

o. Datum, geschätzt: Erster Weltkrieg

Vorsignatur: D. 102

Format: 18*13   Schwarz-weiß

Glasplatte stark braun verfärbt und durchgebrochen

Best. Nr. 508

Lfd. Nr. des Findbuchs: 396

Vereins-Lazarettzug L(?) an einem Bahnhof (Gegend wahrsch. Österreich-Ungarn)

o. Datum, geschätzt: Erster Weltkrieg

Vorsignatur: OeU. 2

Format: 18*13   Schwarz-weiß

Negativfolie an den Rändern beschädigt

Best. Nr. 332

Lfd. Nr. des Findbuchs: 397

Vereins-Lazarettzug L am Bahnhof der Stadt Breslau (Wroclaw), Polen
o. Datum, geschätzt: Erster Weltkrieg
Vorsignatur: Z. 2.
Format: 18*13   Schwarz-weiß
Negativfolie am oberen und unteren Rand leicht beschädigt

Best. Nr. 101

Lfd. Nr. des Findbuchs: 398

Vereins-Lazarettzug L am Bahnhof von Wilna (Vilnius), Litauen, vor dem
Zug drei Sanitäter und eine Krankenschwester des Roten Kreuzes
o. Datum, geschätzt: 1. Weltkrieg
Vorsignatur: R. 23
Format: 18*13   Schwarz-weiß
Negativfolie an den Rändern leicht beschädigt

Best. Nr. 331

Lfd. Nr. des Findbuchs: 399

Vereins-Lazarettzug L vor der Stadt Breslau (Wroclaw), Polen, neben dem
Zug Sanitäter des Roten Kreuzes
o. Datum, geschätzt: Erster Weltkrieg
Vorsignatur: Z. 1.
Format: 18*13   Schwarz-weiß
Negativfolie an den Rändern leicht beschädigt

Best. Nr. 436

Lfd. Nr. des Findbuchs: 400

Vereins-Lazarettzug L vor einer Brücke bei Zappot, Deutschland
o. Datum, geschätzt: Erster Weltkrieg
Vorsignatur: D. 89
Format: 18*13   Schwarz-weiß
Negativfolie am oberen Rand leicht beschädigt, braune Flecken auf der Glas-
platte

Best. Nr. 141

Lfd. Nr. des Findbuchs: 401

Zwei Sanitäter des Roten Kreuzes und mehrere weibliche Zivilpersonen vor einem Holzgebäude (Gegend wahrsch. Frankreich), links im Bild ein Teil des Vereins-Lazarettzuges L

o. Datum, geschätzt: Erster Weltkrieg

Vorsignatur: F. 36

Format: 18*13   Schwarz-weiß

Best. Nr. 454

Lfd. Nr. des Findbuchs: 402

Bahnhofsgebäude von Oldenburg, Deutschland

15. August 1917

Vorsignatur: D. No. 37

Format: 18*13   Schwarz-weiß

Negativfolie am oberen Rand leicht beschädigt

Best. Nr. 165

Lfd. Nr. des Findbuchs: 403

Vereins-Lazarettzug L bei Rüdesheim(?), Deutschland, rechts im Bild der Rhein

2. Mai 1917

Vorsignatur: D. 131

Format: 18*13   Schwarz-weiß

Negativfolie am unteren Rand leicht beschädigt

Zivile Besucher

Best. Nr. 383

Lfd. Nr. des Findbuchs: 404

Drei Frauen und zwei Kinder auf der Plattform zwischen zwei Waggons des Vereins-Lazarettzuges L

o. Datum, geschätzt: Erster Weltkrieg

Vorsignatur: Z. 68

Format: 18*13   Schwarz-weiß

Glasplatte etwas verschmutzt

Best. Nr. 74

Lfd. Nr. des Findbuchs: 405

Gruppenfoto mit mehreren Personen, darunter eine Krankenschwester des Roten Kreuzes, an einen Kaffeetisch (wahrsch.) in einem Abteil des Vereins-Lazarettzuges L

o. Datum, geschätzt: Erster Weltkrieg

Vorsignatur: OeU. 66

Format: 18*13   Schwarz-weiß

Negativfolie an den Rändern leicht beschädigt

Best. Nr. 438

Lfd. Nr. des Findbuchs: 406

Gruppenfoto mit Sanitätern des Roten Kreuzes und zwei Jungen („Prinzen"), zwischen zwei Zügen (linker Zug Vereins-Lazarettzug L) bei Zappot, Deutschland

o. Datum, geschätzt: Erster Weltkrieg

Vorsignatur: D. 87

Format: 15*10   Schwarz-weiß

Best. Nr. 439

Lfd. Nr. des Findbuchs: 407

Gruppenfoto mit Sanitätern des Roten Kreuzes und zwei Jungen („Prinzen"), zwischen zwei Zügen (linker Zug Vereins-Lazarettzug L) bei Zappot, Deutschland

o. Datum, geschätzt: Erster Weltkrieg

Vorsignatur: D. 86

Format: 18*13   Schwarz-weiß

Glasplatte stark verfärbt, Motiv schlecht erkennbar

Best. Nr. 345

Lfd. Nr. des Findbuchs: 408

Gruppenfoto mit Sanitätern und Krankenschwestern des Roten Kreuzes, darunter auch Walter (vorne rechts) und Elisabeth von Oettingen (hinten links), sowie Frauen und Kindern in einem Abteil des Vereins-Lazarettzuges L

o. Datum, geschätzt: Erster Weltkrieg

Vorsignatur: Z. 15

Format: 18*13   Schwarz-weiß

Glasplatte gelb verfärbt

Best. Nr. 344

Lfd. Nr. des Findbuchs: 409

Gruppenfoto mit Sanitätern und Krankenschwestern des Roten Kreuzes, darunter auch Walter (vorne rechts) und Elisabeth von Oettingen (hinten links), sowie Frauen und Kindern in einem Abteil des Vereins-Lazarettzuges L

o. Datum, geschätzt: Erster Weltkrieg

Vorsignatur: Z. 14

Format: 18*13   Schwarz-weiß

Glasplatte gelb verfärbt

Best. Nr. 314

Lfd. Nr. des Findbuchs: 410

Kaffeetafel neben dem Vereins-Lazarettzug L bei seinem Halt in Pforzheim, Deutschland, am Tisch Sanitäter des Roten Kreuzes und weibliche Zivilpersonen

o. Datum, geschätzt: Erster Weltkrieg

Vorsignatur: D. 104

Format: 18*13   Schwarz-weiß

Glasplatte an mehreren Stellen gesplittert, einige Stücke abgebrochen

Best. Nr. 315

Lfd. Nr. des Findbuchs: 411

Kaffeetafel neben dem Vereins-Lazarettzug L bei seinem Halt in Pforzheim, Deutschland, am Kaffeetisch Sanitäter des Roten Kreuzes und Zivilpersonen, dahinter eine Gruppe Kinder, an den Abteilfenstern des Lazarettzuges Sanitäter des Roten Kreuzes und Zivilpersonen

o. Datum, geschätzt: Erster Weltkrieg

Vorsignatur: D. 103

Format: 18*13   Schwarz-weiß

Negativfolie am oberen Rand leicht beschädigt, Glasplatte rechts unten gesplittert

Best. Nr. 252

Lfd. Nr. des Findbuchs: 412

Seitenansicht eines Waggons des Vereins-Lazarettzuges L, an den Abteilfenstern mehrere Zivilpersonen, am mittleren Fenster Staatsrat Karl Schambach, der Vater Elisabeth von Oettingens
o. Datum, geschätzt: Erster Weltkrieg
Vorsignatur: Z. 40
Format: 18*13   Schwarz-weiß
Glasplatte durchgebrochen

Best. Nr. 507

Lfd. Nr. des Findbuchs: 413

Zivilpersonen an der Tür eines Zuges (Vereins-Lazarettzug L? Motiv schlecht zu erkennen)
o. Datum, geschätzt: Erster Weltkrieg
Vorsignatur: OeU. 3
Format: 18*13   Schwarz-weiß
Negativfolie beschädigt

Best. Nr. 296

Lfd. Nr. des Findbuchs: 414

Personengruppe an einem Tisch im Casino des Vereins-Lazarettzuges L bei seinem Halt in Leipzig, Deutschland, rechts am Tisch Walter von Oettingen mit seinem Vater Arthur
14. August 1917
Vorsignatur: Z. 106
Format: 18*13   Schwarz-weiß
Negativfolie an den Rändern leicht beschädigt

Zugbesatzung

Zugbesatzung unter sich

Best. Nr. 264

Lfd. Nr. des Findbuchs: 415

Blick auf den Schlafwagen des Vereins-Lazarettzuges L, neben dem Zug Sanitäter des Roten Kreuzes, rechts im Bild mehrere Gebäude, im Hintergrund Gebirge (Gegend wahrsch. Österreich-Ungarn)
o. Datum, geschätzt: Erster Weltkrieg
Vorsignatur: OeU. 49
Format: 18*13   Schwarz-weiß
Negativfolie an den Rändern leicht beschädigt

Best. Nr. 135

Lfd. Nr. des Findbuchs: 416

Drei Sanitäter des Roten Kreuzes mit ein paar Gänsen, links im Bild Vereins-Lazarettzug L (Gegend wahrsch. Frankreich)
o. Datum, geschätzt: Erster Weltkrieg
Vorsignatur: F. 43
Format: 18*13   Schwarz-weiß
Rechte obere Ecke der Glasplatte abgebrochen

Best. Nr. 81

Lfd. Nr. des Findbuchs: 417

Drei Sanitäter und eine Krankenschwester des Roten Kreuzes, sowie ein Uniformierter vor einem großen Baum (Gegend wahrsch. Österreich-Ungarn)
o. Datum, geschätzt: 1. Weltkrieg
Vorsignatur: OeU. 76
Format: 18*13   Schwarz-weiß
Negativfolie an den Rändern leicht beschädigt

Best. Nr. 79

Lfd. Nr. des Findbuchs: 418

Ein Sanitäter und eine Krankenschwester? des Roten Kreuzes an der Tür eines Zuges (wahrsch. Vereins-Lazarettzug L)
o. Datum, geschätzt: Erster Weltkrieg
Vorsignatur: OeU. 73
Format: 18*13   Schwarz-weiß
Negativfolie an den Rändern leicht beschädigt

Best. Nr. 498

Lfd. Nr. des Findbuchs: 419

Ein Sanitäter und mehrere Krankenschwestern des Roten Kreuzes neben dem Vereins-Lazarettzug L, hinter den Krankenschwestern ein Uniformierter
o. Datum, geschätzt: Erster Weltkrieg
Vorsignatur: OeU. 12
Format: 18*13   Schwarz-weiß
Negativfolie an den Rändern leicht beschädigt

Best. Nr. 18

Lfd. Nr. des Findbuchs: 420

Frontalansicht des Vereins-Lazarettzuges L, neben der Lokomotive zwei Sanitäter des Roten Kreuzes
o. Datum (geschätzt: Erster Weltkrieg)
Vorsignatur: R. 6
Format: 18*13   Schwarz-weiß
Negativfolie am oberen Rand leicht beschädigt

Best. Nr. 205

Lfd. Nr. des Findbuchs: 421

Große Gruppe Sanitäter des Roten Kreuzes auf einem Bahnsteig (Gegend wahrsch. Deutschland), rechts im Bild Vereins-Lazarettzug L
o. Datum, geschätzt: Erster Weltkrieg
Vorsignatur: D. 2
Format: 18*13   Schwarz-weiß
Glasplatte stark gelblich verfärbt, Motiv schwer zu erkennen

Best. Nr. 341

Lfd. Nr. des Findbuchs: 422

Gruppenfoto mit Besatzungsmitgliedern des Vereins-Lazarettzuges L neben dem Zug
o. Datum, geschätzt: Erster Weltkrieg
Vorsignatur: Z. 10
Format: 18*13   Schwarz-weiß
Negativfolie an den Rändern leicht beschädigt

Best. Nr. 340

Lfd. Nr. des Findbuchs: 423

Gruppenfoto mit den Besatzungsmitgliedern des Vereins-Lazarettzuges L neben dem Zug
o. Datum, geschätzt: Erster Weltkrieg
Vorsignatur: Z. 9
Format: 18*13   Schwarz-weiß
Negativfolie an den Rändern leicht beschädigt

Best. Nr. 181

Lfd. Nr. des Findbuchs: 424

Gruppenfoto mit drei Sanitätern des Roten Kreuzes (wahrsch. auf der Plattform eines Waggons des Vereins-Lazarettzuges L)
o. Datum, geschätzt: Erster Weltkrieg
Vorsignatur: Z. 25
Format: 18*13   Schwarz-weiß
Negativfolie am linken Rand leicht beschädigt

Best. Nr. 429

Lfd. Nr. des Findbuchs: 425

Gruppenfoto mit Sanitätern des Roten Kreuzes und Elisabeth von Oettingen (Bildbeschriftung lautet: „Veteranengruppe") vor dem Vereins-Lazarettzug L
o. Datum, geschätzt: Erster Weltkrieg
Vorsignatur: Z. 87
Format: 18*13   Schwarz-weiß
Negativfolie an den Rändern leicht beschädigt

Best. Nr. 428

Lfd. Nr. des Findbuchs: 426

Gruppenfoto mit Sanitätern des Roten Kreuzes und Elisabeth von Oettingen (Bildbeschriftung lautet: „Veteranengruppe") vor dem Vereins-Lazarettzug L
o. Datum, geschätzt: Erster Weltkrieg
Vorsignatur: Z. 82
Format: 18*13   Schwarz-weiß
Negativfolie an den Rändern leicht beschädigt

Best. Nr. 499

Lfd. Nr. des Findbuchs: 427

Gruppenfoto mit Sanitätern und Krankenschwestern des Roten Kreuzes - darunter Walter und Elisabeth von Oettingen - in einem Zimmer, links im Bild ein Uniformierter

o. Datum, geschätzt: Erster Weltkrieg

Vorsignatur: OeU. 11

Format: 18*13   Schwarz-weiß

Negativfolie am oberen Rand leicht beschädigt

Best. Nr. 500

Lfd. Nr. des Findbuchs: 428

Gruppenfoto mit Sanitätern und Krankenschwestern des Roten Kreuzes - darunter Walter und Elisabeth von Oettingen - in einem Zimmer, links im Bild ein Uniformierter

o. Datum, geschätzt: Erster Weltkrieg

Vorsignatur: OeU. 10

Format: 18*13   Schwarz-weiß

Negativfolie an den Rändern leicht beschädigt, rechts oben ein schwarzer Fleck auf der Glasplatte

Best. Nr. 201

Lfd. Nr. des Findbuchs: 429

Gruppenfoto mit Sanitätern und Krankenschwestern des Roten Kreuzes (wahrsch. Besatzungsmitglieder des Vereins-Lazarettzuges L), vorne im Bild Elisabeth von Oettingen

o. Datum, geschätzt: Erster Weltkrieg

Vorsignatur: D. 7

Format: 18*13   Schwarz-weiß

Negativfolie am oberen Rand beschädigt

Best. Nr. 250

Lfd. Nr. des Findbuchs: 430

Gruppenfoto mit Sanitätern und Krankenschwestern des Roten Kreuzes vor einem Nutzholztapel

o. Datum, geschätzt: Erster Weltkrieg

Vorsignatur: I 38

Format: 18*13   Schwarz-weiß

Negativfolie am oberen Rand leicht beschädigt

Best. Nr. 249

Lfd. Nr. des Findbuchs: 431

Gruppenfoto mit Sanitätern und Krankenschwestern des Roten Kreuzes vor einem Nutzholztstapel
o. Datum, geschätzt: Erster Weltkrieg
Vorsignatur: Z. 37
Format: 18*13   Schwarz-weiß
Negativfolie am unteren Rand leicht beschädigt

Best. Nr. 84

Lfd. Nr. des Findbuchs: 432

Mehrere Sanitäter des Roten Kreuzes beim Kartoffeln schälen neben dem Vereins-Lazarettzug L
o. Datum, geschätzt: Erster Weltkrieg
Vorsignatur: OeU. 73
Format: 18*13   Schwarz-weiß
Negativfolie an den Rändern leicht beschädigt

Best. Nr. 128

Lfd. Nr. des Findbuchs: 433

Mehrere Sanitäter des Roten Kreuzes mit Ferngläsern auf der Terrasse eines Gebäudes (Gegend wahrsch. Frankreich)
o. Datum, geschätzt: Erster Weltkrieg
Vorsignatur: F. 5
Format: 18*13   Schwarz-weiß
Negativfolie am oberen Rand leicht beschädigt, Glasplatte an einer Stelle braun verfärbt

Best. Nr. 82

Lfd. Nr. des Findbuchs: 434

Parkanlage mit mehreren Gebäuden (Gegend wahrsch. Österreich-Ungarn), rechts im Bild eine Gruppe Sanitäter des Roten Kreuzes
o. Datum, geschätzt: Erster Weltkrieg
Vorsignatur: OeU. 77
Format: 18*13   Schwarz-weiß
Negativ etwas blass

Best. Nr. 123

Lfd. Nr. des Findbuchs: 435

Sanitäter des Roten Kreuzes auf einem Feld neben Bahngleisen, links im Bild ein Zug (evtl. Vereins-Lazarettzug L, Gegend wahrsch. Frankreich)
o. Datum, geschätzt: Erster Weltkrieg
Vorsignatur: F. 10
Format: 18*13   Schwarz-weiß
Negativfolie rechts oben braun verfärbt

Best. Nr. 258

Lfd. Nr. des Findbuchs: 436

Sanitäter des Roten Kreuzes gruppiert um einen Kaffeetisch in einem Abteil des Vereins-Lazarettzuges L, rechts am Tisch Elisabeth von Oettingen
o. Datum, geschätzt: Erster Weltkrieg
Vorsignatur: Z. 52
Format: 18*13   Schwarz-weiß
Negativfolie an den Rändern leicht beschädigt

Best. Nr. 420

Lfd. Nr. des Findbuchs: 437

Sanitäter des Roten Kreuzes mit einem Kaffeetablett vor einem Holzgebäude in Longuyon im Département Meurthe et Moselle in Lothringen (Lorraine), Frankreich
o. Datum, geschätzt: Erster Weltkrieg
Vorsignatur: Z. 93
Format: 18*13   Schwarz-weiß
Negativfolie an den Rändern leicht beschädigt

Best. Nr. 338

Lfd. Nr. des Findbuchs: 438

Seitenansicht des Schlafwagens des Vereins-Lazarettzuges L, vor dem Zug Sanitäter und Krankenschwestern des Roten Kreuzes
o. Datum, geschätzt: Erster Weltkrieg
Vorsignatur: Z. 8
Format: 18*13   Schwarz-weiß
Glasplatte gesplittert

Best. Nr. 260

Lfd. Nr. des Findbuchs: 439

Seitenansicht des Vereins-Lazarettzuges L auf einer am rechten Rand beschädigten Eisenbahnbrücke, neben dem Zug drei Sanitäter des Roten Kreuzes (Gegend wahrsch. Österreich-Ungarn)

o. Datum, geschätzt: Erster Weltkrieg

Vorsignatur: OeU. 59

Format: 18*13 Schwarz-weiß

Negativfolie an den Rändern leicht beschädigt

Best. Nr. 509

Lfd. Nr. des Findbuchs: 440

Seitenansicht des Vereins-Lazarettzuges L, vor dem Zug Sanitäter und Krankenschwestern des Roten Kreuzes

o. Datum, geschätzt: Erster Weltkrieg

Vorsignatur: OeU. 1

Format: 18*13 Schwarz-weiß

Negativfolie am oberen und unteren Rand leicht beschädigt

Best. Nr. 16

Lfd. Nr. des Findbuchs: 441

Seitenansicht des Vereins-Lazarettzuges L, vor dem Zug Sanitäter des Roten Kreuzes

o. Datum (geschätzt: Erster Weltkrieg)

Vorsignatur: R. 8

Format: 18*13 Schwarz-weiß

Negativfolie leicht beschädigt

Best. Nr. 178

Lfd. Nr. des Findbuchs: 442

Seitenansicht eines Waggons des Vereins-Lazarettzuges L, links und rechts auf den Plattformen zwei Sanitäter des Roten Kreuzes

o. Datum, geschätzt: Erster Weltkrieg

Vorsignatur: Z. 23

Format: 18*13 Schwarz-weiß

Negativfolie an mehreren Stellen beschädigt

Best. Nr. 202

Lfd. Nr. des Findbuchs: 443

Steinbruch mit mehreren Schienensträngen (Gegend wahrsch. Deutschland),
im Steinbruch verstreut mehrere Sanitäter des Roten Kreuzes
o. Datum, geschätzt: Erster Weltkrieg
Vorsignatur: D. 6
Format: 18*13   Schwarz-weiß
Brauner Fleck in der Mitte der Glasplatte, Negativfolie am oberen Rand leicht
beschädigt, Pergaminhülle ausgetauscht

Best. Nr. 367

Lfd. Nr. des Findbuchs: 444

Straßenbahn in Heidelberg, Deutschland, neben der Bahn eine große Gruppe
Sanitäter des Roten Kreuzes
o. Datum, geschätzt: Erster Weltkrieg
Vorsignatur: D. 66
Format: 18*13   Schwarz-weiß
Negativfolie am unteren Rand leicht beschädigt

Best. Nr. 182

Lfd. Nr. des Findbuchs: 445

Teil eines Waggons des Vereins-Lazarettzuges L, an den Abteilfenstern zwei
Sanitäter und eine Krankenschwester des Roten Kreuzes
o. Datum, geschätzt: Erster Weltkrieg
Vorsignatur: Z. 27
Format: 18*13   Schwarz-weiß
Negativ nur halb belichtet

Best. Nr. 333

Lfd. Nr. des Findbuchs: 446

Vereins-Lazarettzug L auf den Gleisen unter einer Brücke, links neben dem
Zug Sanitäter des Roten Kreuzes
o. Datum, geschätzt: Erster Weltkrieg
Vorsignatur: Z. 3
Format: 18*13   Schwarz-weiß
Negativfolie am oberen Rand leicht beschädigt, Glasplatte gesplittert und an
den Ecken beschädigt

Best. Nr. 248

Lfd. Nr. des Findbuchs: 447

Vereins-Lazarettzug L auf den Gleisen, in den Abteiltüren Sanitäter des Roten Kreuzes, rechts im Hintergrund ein Bahnhofsgebäude(?)
o. Datum, geschätzt: Erster Weltkrieg
Vorsignatur: Z. 34
Format: 18*13   Schwarz-weiß
Brauner Streifen in der Mitte der Glasplatte

Best. Nr. 310

Lfd. Nr. des Findbuchs: 448

Vereins-Lazarettzug L bei Saarbrücken, Deutschland, rechts im Bild Sanitäter des Roten Kreuzes
o. Datum, geschätzt: Erster Weltkrieg
Vorsignatur: D. 113
Format: 18*13   Schwarz-weiß

Best. Nr. 306

Lfd. Nr. des Findbuchs: 449

Vereins-Lazarettzug L in Triberg(?) im Schwarzwald, Deutschland, neben dem Zug Sanitäter des Roten Kreuzes, rechts im Bild Güterwaggons und Nutzholzstapel
o. Datum, geschätzt: Erster Weltkrieg
Vorsignatur: D. 120
Format: 18*13   Schwarz-weiß
Negativfolie an den Rändern leicht beschädigt

Best. Nr. 15

Lfd. Nr. des Findbuchs: 450

Vereins-Lazarettzug L, neben dem Zug die Besatzungsmitglieder
o. Datum (geschätzt: Erster Weltkrieg)
Vorsignatur: R. 9
Format: 18*13   Schwarz-weiß

Best. Nr. 309

Lfd. Nr. des Findbuchs: 451

Zwei Personen (Sanitäter und Krankenschwester des Roten Kreuzes?) mit einem Tablett auf einem Feld bei Saarbrücken, Deutschland

o. Datum, geschätzt: Erster Weltkrieg

Vorsignatur: D. 114

Format: 18*13   Schwarz-weiß

Glasplatte stark gebräunt, Motiv schwer zu erkennen

Best. Nr. 391

Lfd. Nr. des Findbuchs: 452

Zwei Sanitäter des Roten Kreuzes auf einer Plattform des Vereins-Lazarettzuges L

o. Datum, geschätzt: Erster Weltkrieg

Vorsignatur: Z. 53

Format: 18*13   Schwarz-weiß

Negativfolie an den Rändern leicht beschädigt

Best. Nr. 7

Lfd. Nr. des Findbuchs: 453

Vereins-Lazarettzug L am Rande des „Münsterlagers", vor dem Zug mehrere Sanitäter des Roten Kreuzes und ein Hund

1. Juni 1918

Vorsignatur: Z. 120

Format: 18*13   Schwarz-weiß

Glasplatte etwas verschmutzt

Begegnung mit Militär

Best. Nr. 138

Lfd. Nr. des Findbuchs: 454

Bahnübergang in Longuyon im Département Meurthe Et Moselle in Lothringen (Lorraine), Frankreich, rechts vorne ein Waggon des Vereins-Lazarettzuges L, links vorne ein Sanitäter des Roten Kreuzes, hinter dem Bahnübergang ein Kloster

o. Datum, geschätzt: Erster Weltkrieg

Vorsignatur: F. 40

Format: 18*13   Schwarz-weiß

Negativfolie am unteren Rand beschädigt

Best. Nr. 441

Lfd. Nr. des Findbuchs: 455

Gruppe Sanitäter des Roten Kreuzes auf einer Straße in Zappot, Deutschland, daneben mehrere Zivilpersonen und ein Uniformierter neben einem Automobil

o. Datum, geschätzt: Erster Weltkrieg

Vorsignatur: D. 84

Format: 18*13   Schwarz-weiß

Negativfolie an den Rändern etwas verfärbt

Best. Nr. 382

Lfd. Nr. des Findbuchs: 456

Gruppenfoto der am „Sedan Appell" teilnehmenden Sanitäter, in der Mitte Elisabeth von Oettingen, davor zwei Uniformierte

o. Datum, geschätzt: Erster Weltkrieg

Vorsignatur: Z. 71

Format: 18*13   Schwarz-weiß

Negativfolie am unteren Rand leicht beschädigt

Best. Nr. 120

Lfd. Nr. des Findbuchs: 457

Gruppenfoto mit deutschen Uniformierten am Esstisch, links im Bild eine Krankenschwester des Roten Kreuzes

o. Datum, geschätzt: Erster Weltkrieg

Vorsignatur: F. 13

Format: 18*13   Schwarz-weiß

Best. Nr. 259

Lfd. Nr. des Findbuchs: 458

Gruppenfoto mit drei Sanitätern des Roten Kreuzes und zwei deutschen Uniformierten, im Hintergrund mehrere Gebäude (Gegend wahrsch. Österreich-Ungarn)

o. Datum, geschätzt: Erster Weltkrieg

Vorsignatur: OeU. 60

Format: 18*13   Schwarz-weiß

Negativfolie an den Rändern leicht beschädigt

Best. Nr. 381

Lfd. Nr. des Findbuchs: 459

Sanitäter des Roten Kreuzes beim „Sedan Appell", einem Sanitäter wird ein Orden verliehen (evtl. die Kriegsmedaille des Roten Kreuzes), links im Bild Elisabeth von Oettingen

o. Datum, geschätzt: Erster Weltkrieg

Vorsignatur: Z. 72

Format: 18*13   Schwarz-weiß

Negativfolie am oberen Rand leicht beschädigt

Best. Nr. 496

Lfd. Nr. des Findbuchs: 460

Sanitäter des Roten Kreuzes und Uniformierte vor mehreren Holzbaracken (wahrsch. ein Feldlazarett, Gegend wahrsch. Österreich-Ungarn)

o. Datum, geschätzt: Erster Weltkrieg

Vorsignatur: OeU. 14

Format: 18*13   Schwarz-weiß

Negativfolie am oberen Rand leicht beschädigt, Verdacht auf Schimmelbefall an der Pergaminhülle, Pergaminhülle separat

Best. Nr. 421

Lfd. Nr. des Findbuchs: 461

Sanitäter des Roten Kreuzes vor dem Vereins-Lazarettzug L, im Vordergrund Walter von Oettingen mit einem deutschen Uniformierten (Name evtl. „Tillesen")

o. Datum, geschätzt: Erster Weltkrieg

Vorsignatur: Z. 92

Format: 18*13   Schwarz-weiß

Best. Nr. 502

Lfd. Nr. des Findbuchs: 462

Sanitäter und Krankenschwestern des Roten Kreuzes in einem militärischen
Feldlager(?), rechts im Bild eine Kutsche, daneben aufgestapelte Säcke (Gegend wahrsch. Österreich-Ungarn)
o. Datum, geschätzt: Erster Weltkrieg
Vorsignatur: OeU. 8
Format: 18*13   Schwarz-weiß
Negativfolie am unteren Rand leicht beschädigt

Best. Nr. 200

Lfd. Nr. des Findbuchs: 463

Sanitäter und Krankenschwestern des Roten Kreuzes in einem Steinbruch, im
Hintergrund eine Gruppe Uniformierter (Gegend wahrsch. Deutschland)
o. Datum, geschätzt: Erster Weltkrieg
Vorsignatur: D. 8
Format: 18*13   Schwarz-weiß
Negativfolie an den Rändern leicht beschädigt

Best. Nr. 177

Lfd. Nr. des Findbuchs: 464

Walter und Elisabeth von Oettingen mit zwei Uniformierten in einem Wohnabteil des Vereins-Lazarettzuges L
o. Datum, geschätzt: Erster Weltkrieg
Vorsignatur: Z. 23
Format: 18*13   Schwarz-weiß
Negativfolie am oberen Rand beschädigt

Best. Nr. 295

Lfd. Nr. des Findbuchs: 465

Drei Uniformierte mit einem Hund vor dem Waggon des leitenden Arztes
des Vereins-Lazarettzuges L in Stenay im Département Meuse in Lothringen
(Lorraine), Frankreich
28. März(?) 1918
Vorsignatur: Z. 111
Format: 18*13   Schwarz-weiß
Negativ etwas verschwommen

Einrichtung/Struktur

Best. Nr. 184

Lfd. Nr. des Findbuchs: 466

Blick auf den Gang zwischen den Abteilen des Vereins-Lazarettzuges L
o. Datum, geschätzt: Erster Weltkrieg
Vorsignatur: Z. 29
Format: 18*13   Schwarz-weiß
Negativfolie am rechten Rand leicht beschädigt

Best. Nr. 337

Lfd. Nr. des Findbuchs: 467

Blick in ein Abteil des Vereins-Lazarettzuges L, rechts im Bild Elisabeth von
Oettingen, links daneben ein deutscher Uniformierter
o. Datum, geschätzt: Erster Weltkrieg
Vorsignatur: Z. 7
Format: 18*13   Schwarz-weiß
Glasplatte an der rechten oberen Ecke gesplittert

Best. Nr. 183

Lfd. Nr. des Findbuchs: 468

Blick in ein Wohnabteil des Vereins-Lazarettzuges L (durch die Abteilfenster)
o. Datum, geschätzt: Erster Weltkrieg
Vorsignatur: Z. 28
Format: 18*13   Schwarz-weiß
Negativfolie am oberen Rand leicht beschädigt

Best. Nr. 346

Lfd. Nr. des Findbuchs: 469

Eine Krankenschwester des Roten Kreuzes in einem weihnachtlich geschmückten Wohnabteil des Vereins-Lazarettzuges L
o. Datum, geschätzt: Erster Weltkrieg
Vorsignatur: Z. 16
Format: 18*13   Schwarz-weiß
Negativfolie an den Rändern leicht beschädigt, rechte untere Ecke der Glasplatte abgebrochen

Best. Nr. 253

Lfd. Nr. des Findbuchs: 470

Elisabeth von Oettingen beim Kochen(?) im Küchenabteil des
Vereins-Lazarettzuges L
o. Datum, geschätzt: Erster Weltkrieg
Vorsignatur: Z. 41
Format: 18*13   Schwarz-weiß
Glasplatte etwas verschmutzt

Best. Nr. 425

Lfd. Nr. des Findbuchs: 471

Elisabeth von Oettingen mit Sanitätern des Roten Kreuzes im Apothekenab-
teil des Vereins-Lazarettzuges L
o. Datum, geschätzt: Erster Weltkrieg, Weihnachten
Vorsignatur: Z. 88
Format: 18*13   Schwarz-weiß
Negativfolie am oberen und unteren Rand leicht beschädigt

Best. Nr. 179

Lfd. Nr. des Findbuchs: 472

Elisabeth von Oettingen und ein Sanitäter des Roten Kreuzes in einem Abteil
des Vereins-Lazarettzuges L
o. Datum, geschätzt: Erster Weltkrieg
Vorsignatur: Z. 24
Format: 18*13   Schwarz-weiß
Negativfolie am unteren Rand leicht beschädigt

Best. Nr. 83

Lfd. Nr. des Findbuchs: 473

Gesamtansicht des Vereins-Lazarettzuges L (evtl. an der Donau in Österreich-
Ungarn)
o. Datum, geschätzt: Erster Weltkrieg
Vorsignatur: OeU. 78
Format: 18*13   Schwarz-weiß
Negativfolie am unteren Rand leicht beschädigt

Best. Nr. 174

Lfd. Nr. des Findbuchs: 474

Sanitäter des Roten Kreuzes in einem Abteil des Vereins-Lazarettzuges L
o. Datum, geschätzt: Erster Weltkrieg
Vorsignatur: Z. 19
Format: 18*13   Schwarz-weiß
Glasplatte stark verschmutzt und unten verfärbt, Verdacht auf Schimmelbefall
an der Pergaminhülle, Pergaminhülle separat

Best. Nr. 8

Lfd. Nr. des Findbuchs: 475

Seitenansicht eines Waggons des Vereins-Lazarettzuges L
o. Datum (geschätzt: Erster Weltkrieg)
Vorsignatur: o. Signatur
Format: 15*10   Schwarz-weiß
Negativfolie löst sich ab

Best. Nr. 339

Lfd. Nr. des Findbuchs: 476

Speisewagen des Vereins-Lazarettzuges L, an den Esstischen Sanitäter des
Roten Kreuzes und Zivilpersonen
18. November 1904 (eher: Erster Weltkrieg)
Vorsignatur: Z. 8
Format: 18*13   Schwarz-weiß
Negativfolie an den Rändern leicht beschädigt

Best. Nr. 342

Lfd. Nr. des Findbuchs: 477

Vier Männer bei Anstreicharbeiten in einem Abteil des Vereins-Lazarettzuges
L
o. Datum, geschätzt: Erster Weltkrieg
Vorsignatur: Z. 11
Format: 18*13   Schwarz-weiß
Negativfolie an den Rändern beschädigt

Best. Nr. 387

Lfd. Nr. des Findbuchs: 478

Walter und Elisabeth von Oettingen beim Frühstück in einem Abteil des Vereins-Lazarettzuges L
o. Datum, geschätzt: Erster Weltkrieg
Vorsignatur: Z. 60
Format: 18*13   Schwarz-weiß
Negativfolie am oberen und unteren Rand leicht beschädigt

Best. Nr. 389

Lfd. Nr. des Findbuchs: 479

Walter von Oettingen mit seiner Frau Elisabeth und zwei weiteren Personen in einem Abteil des Vereins-Lazarettzuges L
o. Datum, geschätzt: Erster Weltkrieg
Vorsignatur: Z. 55
Format: 18*13   Schwarz-weiß
Negativ gelb verfärbt

Best. Nr. 303

Lfd. Nr. des Findbuchs: 480

Drei Männer und eine Frau im Küchenabteil des Vereins-Lazarettzuges L
26. Februar 1917
Vorsignatur: Z. 95
Format: 18*13   Schwarz-weiß
Verdacht auf Schimmelbefall an der Pergaminhülle, Pergaminhülle separat

Best. Nr. 304

Lfd. Nr. des Findbuchs: 481

Drei Männer und eine Frau im Küchenabteil des Vereins-Lazarettzuges L
26. Februar 1917
Vorsignatur: Z. 95
Format: 18*13   Schwarz-weiß

Best. Nr. 302

Lfd. Nr. des Findbuchs: 482

Elisabeth von Oettingen mit einem Mann (Name schlecht lesbar) in einem
Abteil des Vereins-Lazarettzuges L bei seinem Halt in Sedan im Département
Ardennes in der Champagne-Ardenne, Frankreich
25. März 1917
Vorsignatur: Z. 96
Format: 18*13   Schwarz-weiß
Negativfolie am oberen und unteren Rand leicht beschädigt

Best. Nr. 298

Lfd. Nr. des Findbuchs: 483

Frauen beim Sortieren von Wäsche in einem Abteil des Vereins-Lazarettzuges
L bei seinem Halt in Cleve (Kleve), Deutschland, in der Abteiltür mehrere
Kinder
1. Juli 1917
Vorsignatur: Z. 105
Format: 18*13   Schwarz-weiß
Negativfolie am oberen Rand leicht beschädigt

Best. Nr. 299

Lfd. Nr. des Findbuchs: 484

Geburtstagsblumen für Elisabeth von Oettingen in ihrem Wohnabteil im Ver-
eins-Lazarettzug L, in der Abteiltür Elisabeth von Oettingen
15. Mai 1917
Vorsignatur: Z. 104
Format: 18*13   Schwarz-weiß
Negativfolie an den Rändern leicht beschädigt

Best. Nr. 9

Lfd. Nr. des Findbuchs: 485

Elisabeth von Oettingen mit Hund „Telly" in einem Abteil des
Vereins-Lazarettzuges L
August 1918
Vorsignatur: Z. 113m
Format: 15*10   Schwarz-weiß
Negativ verblasst

Sanitätswesen (außerhalb Lazarettzug)

Best. Nr. 308

Lfd. Nr. des Findbuchs: 486

Ausladung Verwundeter (aus Schiffen?) in Radolfzell am Bodensee, Deutschland, links im Bild Sanitäter des Roten Kreuzes
o. Datum, geschätzt: Erster Weltkrieg
Vorsignatur: D. 115
Format: 18*13   Schwarz-weiß
Negativfolie am oberen Rand leicht beschädigt

Best. Nr. 226

Lfd. Nr. des Findbuchs: 487

Dampfschiff „Elisabeth" (wahrsch. Rot-Kreuz-Dampfer), an Bord mehrere Personen (Gegend wahrsch. Österreich-Ungarn)
o. Datum, geschätzt: Erster Weltkrieg
Vorsignatur: OeU. 80
Format: 18*13   Schwarz-weiß
Negativ in der Mitte braun verfärbt

Best. Nr. 220

Lfd. Nr. des Findbuchs: 488

Eingezäunte Ansammlung von Holzhäusern (Feldlazarett?), rechts im Bild die Beschriftung „W. II", daneben das Symbol des Roten Kreuzes und des Roten Halbmondes (Gegend wahrsch. Österreich-Ungarn)
o. Datum, geschätzt: Erster Weltkrieg
Vorsignatur: OeU. 87
Format: 18*13   Schwarz-weiß
Negativ etwas blass

Best. Nr. 125

Lfd. Nr. des Findbuchs: 489

Feldlazarett „G XII.A.K.", vor dem Gebäude (eine ehemalige Kirche?) mehrere Sanitätswagen und Sanitäter des Roten Kreuzes (Gegend wahrsch. Frankreich)
o. Datum, geschätzt: Erster Weltkrieg
Vorsignatur: F. 8
Format: 18*13   Schwarz-weiß
Negativfolie etwas verschmutzt

Best. Nr. 20

Lfd. Nr. des Findbuchs: 490

Flusslauf, im Vordergrund ein Zaun, am rechten Ufer mehrere Gebäude, darunter ein Haus mit Rotkreuzfahne (Lazarett? Gegend wahrsch. Russland)
o. Datum (geschätzt: Erster Weltkrieg)
Vorsignatur: R. 4
Format: 18*13   Schwarz-weiß
Negativfolie an den Rändern leicht beschädigt

Best. Nr. 256

Lfd. Nr. des Findbuchs: 491

Gruppenfoto mit deutschen Soldaten (einige davon mit Armbinde) und Sanitätern des Roten Kreuzes auf einer Wiese
o. Datum, geschätzt: Erster Weltkrieg
Vorsignatur: Z. 45.
Format: 18*13   Schwarz-weiß
Negativfolie an den Rändern leicht beschädigt

Best. Nr. 255

Lfd. Nr. des Findbuchs: 492

Gruppenfoto mit Soldaten (zwei davon mit Armbinde), einem Sanitäter und einer Krankenschwester des Roten Kreuzes vor einem Waggon (Vereins-Lazarettzug L?)
o. Datum, geschätzt: Erster Weltkrieg
Vorsignatur: Z. 45
Format: 18*13   Schwarz-weiß
Negativfolie an den Rändern leicht beschädigt, Negativ etwas blass

Best. Nr. 448

Lfd. Nr. des Findbuchs: 493

Gruppenfoto mit Verwundeten und Sanitätern und Krankenschwestern des Roten Kreuzes in Bernburg, Deutschland
o. Datum, geschätzt: Erster Weltkrieg
Vorsignatur: D. 53
Format: 18*13   Schwarz-weiß
Negativfolie am unteren Rand leicht beschädigt

Best. Nr. 261

Lfd. Nr. des Findbuchs: 494

Sanitäter des Roten Kreuzes mit Uniformierten und Verwundeten auf Tragbahren auf einem Feld, links im Bild ein Gebäude, im Hintergrund ein Waldgebiet (Gegend wahrsch. Österreich-Ungarn)

o. Datum, geschätzt: Erster Weltkrieg

Vorsignatur: OeU. 55

Format: 18*13   Schwarz-weiß

Negativfolie an den Rändern leicht beschädigt

Best. Nr. 122

Lfd. Nr. des Findbuchs: 495

Sanitäter des Roten Kreuzes mit Zivilpersonen (Frauen und Kinder) vor einem Gebäude (Krankenversorgung, Gegend wahrsch. Frankreich)

o. Datum, geschätzt: Erster Weltkrieg

Vorsignatur: F. 11

Format: 18*13   Schwarz-weiß

Best. Nr. 497

Lfd. Nr. des Findbuchs: 496

Sanitäter des Roten Kreuzes vor aufgestapelten Tragbahren, im Hintergrund eine Fabrik (Gegend wahrsch. Österreich-Ungarn)

o. Datum, geschätzt: Erster Weltkrieg

Vorsignatur: OeU. 13

Format: 18*13   Schwarz-weiß

Negativfolie an den Rändern beschädigt

Best. Nr. 265

Lfd. Nr. des Findbuchs: 497

Verladung eines Verwundeten in den Vereins-Lazarettzug L im Bahnhof von Rozsahegy, Ungarn, im Bild Sanitäter des Roten Kreuzes, auf dem Bahnsteig Zivilpersonen und ungarische Husaren

o. Datum, geschätzt: Erster Weltkrieg

Vorsignatur: OeU. 48

Format: 18*13   Schwarz-weiß

Negativfolie an den Rändern leicht beschädigt

Best. Nr. 244

Lfd. Nr. des Findbuchs: 498

Vorführung von medizinischem Gerät(?), im Bild Krankenschwestern und Sanitäter des Roten Kreuzes, darunter auch Walter von Oettingen (Gegend wahrsch. Frankreich)

o. Datum, geschätzt: Erster Weltkrieg

Vorsignatur: F. 18

Format: 18*13   Schwarz-weiß

Negativfolie an den Rändern leicht beschädigt

Best. Nr. 136

Lfd. Nr. des Findbuchs: 499

Walter vom Oettingen mit einem Verwundeten auf einer Tragbahre, getragen von zwei Uniformierten (Gegend wahrsch. Frankreich)

o. Datum, geschätzt: Erster Weltkrieg

Vorsignatur: F. 42

Format: 18*13   Schwarz-weiß

Negativfolie an den Rändern leicht beschädigt

Sonstige Aufnahmen

Best. Nr. 100

Lfd. Nr. des Findbuchs: 500

Bahngleise in Wilna (Vilnius), Litauen, zweites Motiv, der Vereins-Lazarettzug L, darüber fotografiert

o. Datum, geschätzt: 1. Weltkrieg

Vorsignatur: R. 25

Format: 18*13   Schwarz-weiß

Negativfolie am oberen Rand leicht beschädigt

Best. Nr. 227

Lfd. Nr. des Findbuchs: 501

Blick auf ein Fabrikgebäude (Gegend evtl. Deutschland)

o. Datum, geschätzt: Erster Weltkrieg

Vorsignatur: o. Signatur

Format: 18*13   Schwarz-weiß

Glasplatte an den Rändern verfärbt

Best. Nr. 453

Lfd. Nr. des Findbuchs: 502

Blick auf ein Feld, rechts im Bild eine Fabrik, links ein Ausschnitt des Vereins-Lazarettzuges L
o. Datum, geschätzt: Erster Weltkrieg
Vorsignatur: D. No. 38
Format: 18*13   Schwarz-weiß
Negativfolie am oberen Rand leicht beschädigt

Best. Nr. 203

Lfd. Nr. des Findbuchs: 503

Blick auf eine Saline? (Gegend wahrsch. Deutschland)
o. Datum, geschätzt: Erster Weltkrieg
Vorsignatur: D. 5
Format: 18*13   Schwarz-weiß
Ein Stück der Glasplatte abgebrochen, Pergaminhülle ausgetauscht

Best. Nr. 440

Lfd. Nr. des Findbuchs: 504

Gruppe Sanitäter des Roten Kreuzes auf einer Straße von Zappot, Deutschland, davor mehrere Zivilpersonen
o. Datum, geschätzt: Erster Weltkrieg
Vorsignatur: D. 85
Format: 18*13   Schwarz-weiß
Negativfolie am linken Rand leicht beschädigt, Glasplatte etwas verfärbt

Best. Nr. 305

Lfd. Nr. des Findbuchs: 505

Güterwaggons vor einer Fabrik in der Stadt Völklingen an der Saar, Deutschland
o. Datum, geschätzt: Erster Weltkrieg
Vorsignatur: D. 121
Format: 18*13   Schwarz-weiß
Negativfolie an den Rändern leicht beschädigt, Negativ etwas blass

Best. Nr. 169

Lfd. Nr. des Findbuchs: 506

Hochofen bei Diedenhofen (Thionville) im Département Moselle in Lothringen (Lorraine), Frankreich
o. Datum, geschätzt: Erster Weltkrieg
Vorsignatur: D. 124
Format: 18*13   Schwarz-weiß
Negativfolie am unteren Rand leicht beschädigt

Best. Nr. 132

Lfd. Nr. des Findbuchs: 507

Seitenansicht eines Zuges (Vereins-Lazarettzug L?), im Hintergrund die Silhouette einer Stadt (Gegend wahrsch. Frankreich)
o. Datum, geschätzt: Erster Weltkrieg
Vorsignatur: F. 1
Format: 18*13   Schwarz-weiß
Glasplatte an mehreren Stellen gebräunt

Best. Nr. 76

Lfd. Nr. des Findbuchs: 508

Zivile und uniformierte Personen vor dem Arztwagen des Vereins-Lazarettzuges L, zweites Motiv, ein Ziegenkarren, darüber fotografiert
o. Datum, geschätzt: Erster Weltkrieg
Vorsignatur: OeU. 68
Format: 18*13   Schwarz-weiß
Negativfolie an den Rändern beschädigt

Best. Nr. 68

Lfd. Nr. des Findbuchs: 509

Grab von Max Schambach (wahrsch. Verwandter Elisabeth von Oettingens, geb. Schambach)
7. Mai 1917
Vorsignatur: D. 141
Format: 18*13   Schwarz-weiß
Negativfolie an den Rändern leicht beschädigt

Best. Nr. 134

Lfd. Nr. des Findbuchs: 510

Seitenansicht eines Güterzuges in Laon im Département Aisne in der Picardie, Frankreich, hinter dem Zug die Stadt
24. April 1917
Vorsignatur: F2. 47
Format: 18*13   Schwarz-weiß
Negativfolie an den Rändern leicht beschädigt

Best. Nr. 188

Lfd. Nr. des Findbuchs: 511

Gradierwerk (Saline) in Bad Elmen, Deutschland
15. Februar 1918
Vorsignatur: D. 174 m
Format: 15*10   Schwarz-weiß
Negativfolie am oberen Rand leicht beschädigt

Best. Nr. 482

Lfd. Nr. des Findbuchs: 512

Walter von Oettingen im Medizinischen Laboratorium der Klinik in Leipzig

7. Juli 1899

Vorsignatur: Negativ No. 33

Format: 18*13   Schwarz-weiß

Glasplatte etwas verfärbt, Pergaminhülle separat

Best. Nr. 288

Lfd. Nr. des Findbuchs: 513

> Stadtpanorama Lissabon, Portugal, vom Fluss Tajo aus fotografiert
> 23. März 1899
> Vorsignatur: Negativ No. 3
> Format: 18*13   Schwarz-weiß
> Negativfolie am oberen Rand leicht beschädigt, obere Ecke der Glasplatte abgebrochen

Best. Nr. 278

Lfd. Nr. des Findbuchs: 514

> Blick auf das Deck des Schiffes „R.P.D". König, rechts auf dem Deck verteilt mehrere Passagiere
> o. Datum, geschätzt: 1899
> Vorsignatur: o. Signatur
> Format: 18*13   Schwarz-weiß
> Negativfolie an den Rändern beschädigt

Best. Nr. 282

Lfd. Nr. des Findbuchs: 515

> Blick auf das Schiff „R.P.D. Kanzler" in voller Fahrt auf dem Meer (vom Schiff „R.P.D. König" aus fotografiert)
> 6. April 1899
> Vorsignatur: Negativ No. 9
> Format: 18*13   Schwarz-weiß
> Glasplatte in mehrere Stücke zerbrochen

Best. Nr. 494

Lfd. Nr. des Findbuchs: 516

> Blick auf den Bluff bei Durban, Südafrika (vom Wasser aus fotografiert)
> 6. Mai 1899
> Vorsignatur: Negativ No. 21
> Format: 18*13   Schwarz-weiß
> Negativfolie an den Rändern beschädigt

Best. Nr. 285

Lfd. Nr. des Findbuchs: 517

Blick auf die Halbinsel Sinai (und die „Petroleumberge") am Golf von Suez,
Ägypten (vom Schiff „R.P.D. König" aus fotografiert)
6. April (geschätzt: 1899)
Vorsignatur: Negativ No. 8
Format: 18*13   Schwarz-weiß
Negativfolie am oberen Rand leicht beschädigt

Best. Nr. 280

Lfd. Nr. des Findbuchs: 518

Blick auf eine Stadt (vom Schiff „R.P.D. König" aus fotografiert)
o. Datum, geschätzt: 1899
Vorsignatur: o. Signatur
Format: 18*13   Schwarz-weiß
Negativfolie löst sich auf

Best. Nr. 149

Lfd. Nr. des Findbuchs: 519

Dampfschiff auf der Nordsee bei Cuxhaven(?), Deutschland
6. Mai 1899
Vorsignatur: Negativ No. 54
Format: 18*13   Schwarz-weiß
Negativfolie am oberen Rand beschädigt

Best. Nr. 281

Lfd. Nr. des Findbuchs: 520

Frontalansicht eines Schiffes auf dem Meer (wahrsch. vom Deck des Schiffes
„R.P.D. König" aus fotografiert)
o. Datum, geschätzt: 1899
Vorsignatur: o. Signatur
Format: 18*13   Schwarz-weiß
Glasplatte in mehrere Stücke zerbrochen

Best. Nr. 495

Lfd. Nr. des Findbuchs: 521

Gruppenfoto mit drei Passagieren auf dem Deck des Schiffes „R.P.D. König"
10. April 1899
Vorsignatur: Negativ No. 20
Format: 18*13   Schwarz-weiß
Negativfolie an den Rändern beschädigt, rechts auf der Glasplatte ein brauner
Fleck

Best. Nr. 272

Lfd. Nr. des Findbuchs: 522

Gruppenfoto mit Passagieren auf dem Schiff „R.P.D. König" (Bildbeschrif-
tung lautet: Maria. Dom Pedro. Frau Beatriz. da Libra di Belagarde)
10. April 1899
Vorsignatur: Negativ No. 19
Format: 18*13   Schwarz-weiß
Negativfolie an den Rändern beschädigt, Glasplatte unten durchgebrochen

Best. Nr. 283

Lfd. Nr. des Findbuchs: 523

Gruppenfoto mit Passagieren auf dem Schiff „R.P.D. König", links im Bild
der Kapitän des Schiffes
5. April 1899
Vorsignatur: Negativ No. 6
Format: 18*13   Schwarz-weiß
Braune Flecken auf der Glasplatte

Best. Nr. 284

Lfd. Nr. des Findbuchs: 524

Gruppenfoto mit Passagieren auf dem Schiff „R.P.D. König", links im Bild
der Kapitän des Schiffes
5. April 1899
Vorsignatur: Negativ No. 7
Format: 18*13   Schwarz-weiß
Negativfolie an den Rändern beschädigt

Best. Nr. 277

Lfd. Nr. des Findbuchs: 525

Gruppenfoto mit Passagieren des Schiffes „R.P.D. König" und Personen in Clownsmasken

o. Datum, geschätzt: 1899

Vorsignatur: o. Signatur

Format: 18*13   Schwarz-weiß

Negativfolie an den Rändern beschädigt, roter Fleck unten rechts auf der Glasplatte

Best. Nr. 287

Lfd. Nr. des Findbuchs: 526

Gruppenfoto mit Personen auf dem Schiff „R.P.D. König", darunter Passagiere und der Kapitän des Schiffes

27. März 1899

Vorsignatur: Negativ No. 4

Format: 18*13   Schwarz-weiß

Negativfolie an den Rändern leicht beschädigt

Best. Nr. 286

Lfd. Nr. des Findbuchs: 527

Gruppenfoto mit vier Passagieren auf dem Promenadendeck des Schiffes „R.P.D. König"

25. März 1899

Vorsignatur: Negativ No. 5

Format: 18*13   Schwarz-weiß

Negativfolie am oberen und unteren Rand leicht beschädigt, Negativ etwas blass

Best. Nr. 276

Lfd. Nr. des Findbuchs: 528

Linientaufe auf dem Schiff „R.P.D. König"

15. April 1899

Vorsignatur: Negativ No. 15

Format: 18*13   Schwarz-weiß

Negativ etwas verblasst, Negativfolie an den Rändern leicht beschädigt

Best. Nr. 275

Lfd. Nr. des Findbuchs: 529

Panoramablick auf die Insel Sansibar(?) in Afrika, im Wasser vor der Insel mehrere Dampfschiffen und Ruderboote
19. April 1899
Vorsignatur: 16
Format: 18*13   Schwarz-weiß
Negativfolie an den Rändern beschädigt

Best. Nr. 274

Lfd. Nr. des Findbuchs: 530

Vier Personen an einem Tisch im Rauchsalon des Schiffes „R.P.D. König"
10. April 1899
Vorsignatur: Negativ No. 17
Format: 18*13   Schwarz-weiß
Negativfolie an den Rändern leicht beschädigt

Best. Nr. 279

Lfd. Nr. des Findbuchs: 531

Walter von Oettingen in seiner Kabine auf dem Schiff „R.P.D. König"
1. April 1899
Vorsignatur: Negativ No. 12
Format: 18*13   Schwarz-weiß
Negativfolie an den Rändern leicht beschädigt

Best. Nr. 273

Lfd. Nr. des Findbuchs: 532

Zwei Frauen schauen aus einem Fenster (Bullauge des Schiffes „R.P.D. König"?)
o. Datum, geschätzt: 1899
Vorsignatur: o. Signatur
Format: 18*13   Schwarz-weiß
Negativfolie an den Rändern leicht beschädigt, Glasplatte etwas verschmutzt;

Best. Nr. 480

Lfd. Nr. des Findbuchs: 533

Gruppenfoto mit Mitarbeitern der Poliklinik in Berlin, Deutschland, darunter Walter von Oettingen
8. Februar 1900
Vorsignatur: Negativ No. 36
Format: 16*12   Schwarz-weiß
Negativfolie am oberen Rand leicht beschädigt

Best. Nr. 481

Lfd. Nr. des Findbuchs: 534

Gruppenfoto mit Mitarbeitern der Poliklinik in Berlin, Deutschland
8. Februar 1900
Vorsignatur: Negativ No. 35
Format: 16*12   Schwarz-weiß
Negativfolie an den Rändern leicht beschädigt

Best. Nr. 150

Lfd. Nr. des Findbuchs: 535

Das Arbeitszimmer Walter von Oettingens in der Königlichen Klinik Berlin, Deutschland
11. Mai 1901
Vorsignatur: Negativ No. 53
Format: 18*13   Schwarz-weiß
Negativfolie an den Rändern leicht beschädigt

Best. Nr. 153

Lfd. Nr. des Findbuchs: 536

Eine Gruppe Ärzte bei der Behandlung eines Babys (wahrsch. in der Königlichen Klinik)
30. April 1901
Vorsignatur: Negativ No. 50
Format: 18*13   Schwarz-weiß
Negativfolie an den Rändern leicht beschädigt

Best. Nr. 154

Lfd. Nr. des Findbuchs: 537
Eine Gruppe Ärzte bei der Behandlung eines Babys (wahrsch. in der Königlichen Klinik)
30. April 1901
Vorsignatur: Negativ No. 49
Format: 18*13   Schwarz-weiß
Negativfolie am unteren Rand beschädigt

Best. Nr. 158

Lfd. Nr. des Findbuchs: 538
Frauensaal im Krankenhaus in Lübbecke, Deutschland
20. Februar 1901
Vorsignatur: Negativ No. 45
Format: 18*13   Schwarz-weiß
Glasplatte in der Mitte gesplittert

Best. Nr. 155

Lfd. Nr. des Findbuchs: 539
Hof der Königlichen Klinik Berlin, Deutschland
17. Mai 1901
Vorsignatur: Nergativ No. 48
Format: 18*13   Schwarz-weiß
Negativfolie an den Rändern leicht beschädigt

Best. Nr. 159

Lfd. Nr. des Findbuchs: 540
Krankenhaus in Lübbecke, Deutschland
20. Februar 1901
Vorsignatur: Negativ No. 44
Format: 18*13   Schwarz-weiß
Negativfolie an den Rändern leicht beschädigt, Glasplatte etwas verschmutzt

Best. Nr. 156

Lfd. Nr. des Findbuchs: 541
Personengruppe mit Walter von Oettingen während eines Ausflugs nach Horsthöhe bei Lübbecke, Deutschland
24. Februar 1901
Vorsignatur: Negativ No. 47
Format: 18*13   Schwarz-weiß
Negativfolie an den Rändern leicht beschädigt, Glasplatte etwas verschmutzt

Best. Nr. 157

Lfd. Nr. des Findbuchs: 542

Personengruppe mit Walter von Oettingen während eines Ausflugs nach Horsthöhe bei Lübbecke, Deutschland

24. Februar 1901

Vorsignatur: Negativ No. 46

Format: 18*13   Schwarz-weiß

Negativfolie an den Rändern leicht beschädigt

Best. Nr. 152

Lfd. Nr. des Findbuchs: 543

Schreibtisch im Arbeitszimmer Walter von Oettingens in der Königlichen Klinik Berlin, Deutschland

11. Mai 1901

Vorsignatur: Negativ No. 51

Format: 18*13   Schwarz-weiß

Negativfolie am oberen Rand leicht beschädigt

Best. Nr. 151

Lfd. Nr. des Findbuchs: 544

Walter von Oettingen in seinem Arbeitszimmer in der Königlichen Klinik Berlin, Deutschland

11. Mai 1901

Vorsignatur: Negativ No. 52

Format: 18*13   Schwarz-weiß

Negativfolie an den Rändern leicht beschädigt

Estland (Geburtsland W. v. Oettingens)

Best. Nr. 354

Lfd. Nr. des Findbuchs: 545

Wasserfall bei Narva, Estland, im Hintergrund links ein Fabrikgebäude, auf der Wiese vor dem Wasserfall mehrere Personen
o. Datum
Vorsignatur: Negativ No. 279 b
Format: 18*13   Schwarz-weiß
Negativfolie an den Rändern leicht beschädigt

Best. Nr. 353

Lfd. Nr. des Findbuchs: 546

Wasserfall bei Narva, Estland, im Hintergrund rechts ein Fabrikgebäude, auf der Wiese vor dem Wasserfall mehrere Kinder
o. Datum
Vorsignatur: Negativ No. 279 a
Format: 18*13   Schwarz-weiß
Negativfolie an den Rändern leicht beschädigt

Best. Nr. 515

Lfd. Nr. des Findbuchs: 547

Mehrere Personen mit Booten am Finnischen Meerbusen in Estland (wahrsch. u.a. Mitglieder der Familie von Oettingen, Bildbeschriftung lautet: „Nach der Strandung unseres Bootes")
1887
Vorsignatur: Negativ No. 267
Format: 18*13   Schwarz-weiß
Brauner Fleck rechts unten auf der Glasplatte

Best. Nr. 59

Lfd. Nr. des Findbuchs: 548

Grube in Dorpat (Tartu), Estland
3. Oktober 1888
Vorsignatur: Negativ No. 253
Format: 18*13   Schwarz-weiß
Negativfolie fast vollständig abgelöst

Best. Nr. 57

Lfd. Nr. des Findbuchs: 549

Die „Teufelsbrücke" in Dorpat (Tartu), Estland
28. Januar 1889
Vorsignatur: Negativ No. 251
Format: 18*13   Schwarz-weiß
Negativfolie fast vollständig abgelöst

Best. Nr. 513

Lfd. Nr. des Findbuchs: 550

Blick auf die Villa der Familie von Oettingen (Gegend wahrsch. Estland in der
Nähe von Merreküll (Meriküla) am Finnischen Meerbusen, Bildbeschriftung
schwer zu entziffern)
12. (?) Juli 1890
Vorsignatur: Negativ No. 268
Format: 18*13   Schwarz-weiß
Negativfolie am oberen Rand leicht beschädigt

Best. Nr. 358

Lfd. Nr. des Findbuchs: 551

Blick auf eine Waldlandschaft an der Küste Estlands (Bildüberschrift lautet:
...ula?, Blick auf „Monplaisir"), Gegend wahrsch. Finnischer Meerbusen
7. Juli 1890
Vorsignatur: Negativ No. 258
Format: 18*13   Schwarz-weiß

Best. Nr. 52

Lfd. Nr. des Findbuchs: 552

Mann und Hund in einem Garten in Dorpat (Tartu), Estland
13. Dezember 1890
Vorsignatur: Negativ No. 246
Format: 18*13   Schwarz-weiß

Best. Nr. 58

Lfd. Nr. des Findbuchs: 553

Privathaus in Dorpat (Tartu), Estland, Besitzer unbekannt
3. September 1890
Vorsignatur: Negativ No. 252
Format: 18*13   Schwarz-weiß
Negativfolie an den Rändern leicht beschädigt

Best. Nr. 511

Lfd. Nr. des Findbuchs: 554

Blick auf eine Wiese („Mnemosynewiese") in Merreküll (Meriküla), Estland
16. August 1891
Vorsignatur: Negativ No. 274
Format: 18*13   Schwarz-weiß
Negativfolie am oberen Rand leicht beschädigt

Best. Nr. 54

Lfd. Nr. des Findbuchs: 555

Blick auf die Domruine und die Sternwarte in Dorpat (Tartu), Estland
12. April 1892
Vorsignatur: Negativ No. 248
Format: 18*13   Schwarz-weiß

Best. Nr. 514

Lfd. Nr. des Findbuchs: 556

Blick auf Merreküll (Meriküla) an der Küste Estlands
o. Datum, geschätzt: 1892
Vorsignatur: Negativ No. 256
Format: 18*13   Schwarz-weiß
Negativfolie am oberen Rand gebräunt

Best. Nr. 359

Lfd. Nr. des Findbuchs: 557

Blick auf Merreküll (Meriküla) an der Küste Estlands
9. August 1892
Vorsignatur: Negativ No. 255
Format: 18*13   Schwarz-weiß
Rechte obere Ecke der Glasplatte abgebrochen

Best. Nr. 56

Lfd. Nr. des Findbuchs: 558
  Fluss Emajogi, am rechten Ufer Dorpat (Tartu), Estland
  1892
  Vorsignatur: Negativ No. 250
  Format: 18*13   Schwarz-weiß
  Negativfolie an den Rändern leicht beschädigt

Best. Nr. 55

Lfd. Nr. des Findbuchs: 559
  Stadtpanorama Dorpat (Tartu), Estland (wahrsch. von der Sternwarte aus foto-
  grafiert)
  9. Juni 1892
  Vorsignatur: Negativ No. 249
  Format: 18*13   Schwarz-weiß
  Negativfolie an den Rändern braun verfärbt

Best. Nr. 357

Lfd. Nr. des Findbuchs: 560
  Drei Männer („Das Triumvirat") in einem Waldgebiet in Estland (Ort schlecht
  zu entziffern, wahrsch. in der Nähe von Merreküll (Meriküla) am Finnischen
  Meerbusen)
  o. Datum, geschätzt: 1893
  Vorsignatur: Negativ No. 275 b
  Format: 18*13   Schwarz-weiß
  Glasplatte gelb verfärbt

Best. Nr. 510

Lfd. Nr. des Findbuchs: 561
  Drei Männer („Das Triumvirat") in einem Waldgebiet in Estland (Ort schlecht
  zu entziffern, wahrsch. in der Nähe von Merreküll (Meriküla) am Finnischen
  Meerbusen)
  22. Juli 1893
  Vorsignatur: Negativ No. 275 a
  Format: 18*13   Schwarz-weiß
  Negativfolie zum großen Teil abgelöst

Best. Nr. 48

Lfd. Nr. des Findbuchs: 562

Blick auf ein Gebäude in einem Waldgebiet auf dem Erbgut Ludenhof
(Luua)?, Estland
1895
Vorsignatur: Negativ No. 242
Format: 18*13   Schwarz-weiß
Negativfolie leicht beschädigt

Best. Nr. 47

Lfd. Nr. des Findbuchs: 563

Segelboot am See in Jensel (Kuremaa), Estland
1895
Vorsignatur: Negativ No. 241
Format: 18*13   Schwarz-weiß
Glasplatte am linken Rand gebräunt

Best. Nr. 512

Lfd. Nr. des Findbuchs: 564

Blick auf die Villa der Familie von Oettingen (Gegend wahrsch. Estland, in
der Nähe von Merreküll (Meriküla) am Finnischen Meerbusen, Bildbeschriftung schwer zu entziffern)
12. Juli 1900
Vorsignatur: Negativ No. 269
Format: 18*13   Schwarz-weiß
Glasplatte etwas fleckig

Best. Nr. 46

Lfd. Nr. des Findbuchs: 565

Grab der Großeltern Walter von Oettingens, Alexander und Helene, geb. von
Knorring, in Jensel (Kuremaa), Estland
20. Juni 1905
Vorsignatur: Negativ No. 59
Format: 18*13   Schwarz-weiß

Best. Nr. 145

Lfd. Nr. des Findbuchs: 566

    Kirchhof in Jensel (Kuremaa), Estland

    10. Juni 1905

    Vorsignatur: Negativ No. 58

    Format: 18*13   Schwarz-weiß

    Linke obere Ecke der Glasplatte abgebrochen, Pergaminhülle separat

Best. Nr. 44

Lfd. Nr. des Findbuchs: 567

    Landschaftsaufnahme, Waldgebiet, hinten eine Brücke über einem Bach (Gegend wahrsch. Estland, Bildbeschriftung lautet: Thal von Uddias?)

    4. Juni 1905

    Vorsignatur: Negativ No. 62

    Format: 18*13   Schwarz-weiß

    Glasplatte rechts oben abgesplittert

Familienfotos

Best. Nr. 351

Lfd. Nr. des Findbuchs: 568

    Porträtfoto des Physikprofessors Arthur von Oettingen (Vater Walter von Oettingens)

    1. September 1888

    Vorsignatur: Negativ No. 287

    Format: 18*13   Schwarz-weiß

    Negativfolie an den Rändern leicht beschädigt

Best. Nr. 53

Lfd. Nr. des Findbuchs: 569

    Dorpat (Tartu), Estland, Motiv schwer zu erkennen

    19. Dezember 1892

    Vorsignatur: Negativ No. 247

    Format: 18*13   Schwarz-weiß

    Negativfolie fast vollständig abgelöst

Best. Nr. 373

Lfd. Nr. des Findbuchs: 570

Das Ehepaar Schambach (Eltern Elisabeth von Oettingens), in ihrem Garten in Eisenach, Deutschland
8. August 1905
Vorsignatur: Negativ No. 208
Format: 18*13   Schwarz-weiß

Best. Nr. 372

Lfd. Nr. des Findbuchs: 571

Die Kinder Ottokar und Ruth Schambach (wahrsch. Verwandte Elisabeth von Oettingens, geb. Schambach) in Kipsdorf(?), Deutschland
20. Juli 1905
Vorsignatur: Negativ No. 211
Format: 18*13   Schwarz-weiß

Best. Nr. 378

Lfd. Nr. des Findbuchs: 572

Elisabeth von Oettingen im Garten der Schambachschen Villa in Eisenach, Deutschland
4. Juli 1905
Vorsignatur: Negativ No. 204
Format: 18*13   Schwarz-weiß

Best. Nr. 379

Lfd. Nr. des Findbuchs: 573

Elisabeth von Oettingen im Garten der Schambachschen Villa in Eisenach, Deutschland
4. Juli 1905
Vorsignatur: Negativ No. 203
Format: 18*13   Schwarz-weiß
Negativfolie am oberen Rand leicht beschädigt

Best. Nr. 374

Lfd. Nr. des Findbuchs: 574

Frau Staatsrat Schambach, die Mutter Elisabeth von Oettingens, in ihrem Garten in Eisenach, Deutschland
8. August 1905
Vorsignatur: Negativ No. 209
Format: 18*13   Schwarz-weiß
Negativfolie bräunlich verfärbt

Lfd. Nr. des Findbuchs: 575

Otto Schambach (wahrsch. Verwandter Elisabeth von Oettingens) mit seiner Frau Grete und seinen Kindern Ottokar und Ruth
20. Juli 1905
Vorsignatur: Negativ No. 210
Format: 18*13   Schwarz-weiß
Braune Flecken links oben auf der Glasplatte

Best. Nr. 148

Lfd. Nr. des Findbuchs: 576

Villa Schambach in Eisenach, Deutschland, Geburtshaus Elisabeth von Oettingens, geb. Schambach, auf der Treppe unter anderem Walter und Elisabeth von Oettingen, das Ehepaar Schambach und das Ehepaar von Oettingen senior
24. August 1905
Vorsignatur: Negativ No. 55
Format: 18*13   Schwarz-weiß

Best. Nr. 376

Lfd. Nr. des Findbuchs: 577

Walter und Elisabeth von Oettingen, das Ehepaar von Oettingen senior und das Ehepaar Schambach (Eltern Elisabeth von Oettingens) am Kaffeetisch im Garten der Schambachschen Villa in Eisenach, Deutschland
24. Juni 1905
Vorsignatur: Negativ No. 207
Format: 18*13   Schwarz-weiß
Negativfolie an einer Stelle leicht beschädigt

Best. Nr. 377

Lfd. Nr. des Findbuchs: 578

Walter und Elisabeth von Oettingen, das Ehepaar von Oettingen senior und das Ehepaar Schambach (Eltern Elisabeth von Oettingens) auf der Außentreppe der Schambachschen Villa in Eisenach, Deutschland
24. Juni 1905
Vorsignatur: Negativ No. 206
Format: 18*13   Schwarz-weiß

Best. Nr. 91

Lfd. Nr. des Findbuchs: 579

Arthur von Oettingen, der Vater Walter von Oettingens, mit seinem Enkel Eberhard

3. Dezember 1907

Vorsignatur: Negativ No. 297

Format: 18*13   Schwarz-weiß

Glasplatte stark gebräunt, Verdacht auf Schimmelbefall an der Pergaminhülle, Pergaminhülle separat

Best. Nr. 92

Lfd. Nr. des Findbuchs: 580

Arthur von Oettingen, der Vater Walter von Oettingens, mit seinem Enkel Eberhard

4. Dezember 1907

Vorsignatur: Negativ No. 298

Format: 18*13   Schwarz-weiß

Negativfolie am linken Rand leicht beschädigt

Best. Nr. 90

Lfd. Nr. des Findbuchs: 581

Arthur von Oettingen, der Vater Walter von Oettingens, mit seinem Enkel Eberhard

1. Dezember 1907

Vorsignatur: Negativ No. 295

Format: 18*13   Schwarz-weiß

Best. Nr. 94

Lfd. Nr. des Findbuchs: 582

Arthur von Oettingen, der Vater Walter von Oettingens, mit seinem Enkel Eberhard

5. Dezember 1907

Vorsignatur: Negativ No. 299

Format: 18*13   Schwarz-weiß

Glasplatte links oben leicht gebräunt

Best. Nr. 86

Lfd. Nr. des Findbuchs: 583
> Eberhard von Oettingen auf einem Tisch
> 7. August 1907
> Vorsignatur: Negativ No. 291
> Format: 18*13   Schwarz-weiß

Best. Nr. 87

Lfd. Nr. des Findbuchs: 585
> Eberhard von Oettingen auf einem Tisch
> 7. August 1907
> Vorsignatur: Negativ No. 291
> Format: 18*13   Schwarz-weiß
> Linke obere Ecke der Glasplatte abgebrochen

Best. Nr. 88

Lfd. Nr. des Findbuchs: 585
> Eberhard von Oettingen auf einem Tisch, neben ihm eine Frau
> 7. August 1907
> Vorsignatur: Negativ No. 295
> Format: 18*13   Schwarz-weiß
> Negativfolie rechts leicht beschädigt

Best. Nr. 349

Lfd. Nr. des Findbuchs: 586
> Eberhard von Oettingen im Kinderwagen, daneben Elisabeth von Oettingen
> 30. Juni 1907
> Vorsignatur: Negativ No. 283
> Format: 18*13   Schwarz-weiß
> Negativfolie an den Rändern leicht beschädigt

Best. Nr. 348

Lfd. Nr. des Findbuchs: 587
> Eberhard von Oettingen im Kinderwagen, daneben Elisabeth von Oettingen
> 30. Juni 1907
> Vorsignatur: Negativ No. 284
> Format: 18*13   Schwarz-weiß
> Negativfolie an den Rändern leicht beschädigt

Best. Nr. 350

Lfd. Nr. des Findbuchs: 588

    Eberhard von Oettingen schlafend im Kinderwagen

    30. Juni 1907

    Vorsignatur: Negativ No. 282

    Format: 18*13 Schwarz-weiß

    Negativfolie an den Rändern beschädigt

Best. Nr. 93

Lfd. Nr. des Findbuchs: 589

    Elisabeth und Walter von Oettingen mit einer weiteren Dame („Lise") im Wohnzimmer auf einer Couch (Heiligabend)

    24. Dezember 1907

    Vorsignatur: Negativ No. 300

    Format: 18*13 Schwarz-weiß

    Negativfolie an den Rändern leicht beschädigt

Best. Nr. 85

Lfd. Nr. des Findbuchs: 590

    Elisabeth von Oettingen mit Sohn Eberhard auf einer Bank im „Schöler-schen"? Park

    7. August 1907

    Vorsignatur: Negativ No. 289

    Format: 18*13 Schwarz-weiß

    Negativfolie am oberen Rand leicht beschädigt

Best. Nr. 89

Lfd. Nr. des Findbuchs: 591

    Walter von Oettingen mit seinem Vater Arthur und seinem Sohn Eberhard

    2. Dezember 1907

    Vorsignatur: Negativ No. 296

    Format: 18*13 Schwarz-weiß

    Glasplatte am linken unteren Rand leicht gebräunt

Best. Nr. 465

Lfd. Nr. des Findbuchs: 592
Arthur von Oettingen mit seinem Sohn Walter und seinem Enkel Eberhard
8. Januar 1908
Vorsignatur: Negativ No. 304
Format: 18*13 Schwarz-weiß
Negativfolie an den Rändern leicht beschädigt, braune Flecken rechts oben auf der Glasplatte

Best. Nr. 463

Lfd. Nr. des Findbuchs: 593
Arthur von Oettingen, der Vater Walter von Oettingens, mit seinem Enkel Eberhard
10. Januar 1908
Vorsignatur: Negativ No. 306
Format: 18*13 Schwarz-weiß

Best. Nr. 458

Lfd. Nr. des Findbuchs: 594
Eberhard von Oettingen balanciert auf einem Hochstuhl
5. Februar 1908
Vorsignatur: Negativ No. 318
Format: 18*13 Schwarz-weiß
Negativfolie an den Rändern leicht beschädigt

Best. Nr. 457

Lfd. Nr. des Findbuchs: 595
Eberhard von Oettingen in einem Hochstuhl
5. Februar 1908
Vorsignatur: Negativ No. 319
Format: 18*13 Schwarz-weiß
Negativfolie an den Rändern leicht beschädigt

Best. Nr. 456

Lfd. Nr. des Findbuchs: 596
Eberhard von Oettingen in einem Hochstuhl
6. Februar 1908
Vorsignatur: Negativ No. 320
Format: 18*13 Schwarz-weiß
Negativfolie an den Rändern leicht beschädigt

Best. Nr. 460

Lfd. Nr. des Findbuchs: 597

Eberhard von Oettingen in einem Hochstuhl
5. (?) Februar 1908
Vorsignatur: Negativ No. 316
Format: 18*13   Schwarz-weiß
Negativfolie an den Rändern leicht beschädigt, bräunliche Flecken auf der
Glasplatte

Best. Nr. 461

Lfd. Nr. des Findbuchs: 598

Eberhard von Oettingen in einem Hochstuhl
1. Februar 1908
Vorsignatur: Negativ No. 315
Format: 18*13   Schwarz-weiß
Negativfolie an den Rändern leicht beschädigt

Best. Nr. 459

Lfd. Nr. des Findbuchs: 599

Eberhard von Oettingen in einem Hochstuhl
3. Februar 1908
Vorsignatur: Negativ No. 317
Format: 18*13   Schwarz-weiß
Negativfolie an den Rändern leicht beschädigt

Best. Nr. 455

Lfd. Nr. des Findbuchs: 600

Eberhard von Oettingen mit zwei anderen Kindern in einem Gitterbett
10. März 1908
Vorsignatur: Negativ No. 321
Format: 18*13   Schwarz-weiß
Negativfolie an den Rändern leicht beschädigt, Glasplatte verschmutzt

Best. Nr. 232

Lfd. Nr. des Findbuchs: 601

Elisabeth von Oettingen mit ihrem Sohn Eberhard („Eber") im Kinderwagen
an einem Teich in „Schölers Park"
2. Mai 1908
Vorsignatur: Negativ No 332
Format: 18*13   Schwarz-weiß
Glasplatte etwas verschmutzt

Best. Nr. 234

Lfd. Nr. des Findbuchs: 602

Familienfoto, Arthur von Oettingen mit seiner Frau Natalie, geb. von Brackel, sein Sohn Walter von Oettingen mit seiner Frau Elisabeth und seinem Sohn Eberhard („Eber")

20. April 1908

Vorsignatur: Negativ No. 323

Format: 18*13   Schwarz-weiß

Glasplatte leicht verfärbt, Negativfolie am rechten Rand leicht beschädigt

Best. Nr. 233

Lfd. Nr. des Findbuchs: 603

Familienfoto, Arthur von Oettingen mit seiner Frau Natalie, geb. von Brackel, und seinem Enkel Eberhard

21. April 1908

Vorsignatur: Negativ No. 324

Format: 18*13   Schwarz-weiß

Glasplatte am linken Rand etwas verfärbt, Negativfolie an den Rändern leicht beschädigt

Best. Nr. 96

Lfd. Nr. des Findbuchs: 604

Staatsrat Karl Schambach, der Vater Elisabeth von Oettingens (geb. Schambach), mit seinem Enkel Eberhard

5. Januar 1908

Vorsignatur: Negativ No. 301

Format: 18*13   Schwarz-weiß

Negativfolie an den Rändern leicht beschädigt

Best. Nr. 464

Lfd. Nr. des Findbuchs: 605

Staatsrat Karl Schambach, der Vater Elisabeth von Oettingens, mit seinem Enkel Eberhard

9. Januar 1908

Vorsignatur: Negativ No. 305

Format: 18*13   Schwarz-weiß

Negativfolie an den Rändern leicht beschädigt

Best. Nr. 97

Lfd. Nr. des Findbuchs: 606

Walter von Oettingen mit seinem Schwiegervater, Staatsrat Karl Schambach und seinem Sohn Eberhard
6. Januar 1908
Vorsignatur: Negativ No. 302 b
Format: 18*13   Schwarz-weiß
Negativfolie an den Rändern leicht beschädigt

Best. Nr. 98

Lfd. Nr. des Findbuchs: 607

Walter von Oettingen mit seinem Schwiegervater, Staatsrat Karl Schambach und seinem Sohn Eberhard
7. Januar 1908
Vorsignatur: Negativ No. 303
Format: 18*13   Schwarz-weiß
Negativfolie an den Rändern leicht beschädigt

Best. Nr. 462

Lfd. Nr. des Findbuchs: 608

Walter von Oettingen verbindet einem jungen Mann („Paul") den Arm
25. (?) Januar 1908
Vorsignatur: Negativ No. 313
Format: 18*13   Schwarz-weiß
Negativfolie an den Rändern leicht beschädigt

Sonstiges

Best. Nr. 355

Lfd. Nr. des Findbuchs: 609

Blick auf eine Landschaft (Bildbeschriftung lautet: „Liebenstein")
o. Datum, geschätzt: 1891
Vorsignatur: Negativ No. 278
Format: 18*13   Schwarz-weiß
Negativfolie an den Rändern leicht beschädigt

Best. Nr. 356

Lfd. Nr. des Findbuchs: 610

Blick auf eine Villa inmitten eines Waldgrundstücks (Bildbeschriftung lautet: „Liebenstein")
7. August 1891
Vorsignatur: Negativ No. 277
Format: 18*13   Schwarz-weiß

Best. Nr. 51

Lfd. Nr. des Findbuchs: 611

Hinter Bäumen verstecktes Bauernhaus auf dem Rittergut Ronneburg (Rauna), Lettland, davor zwei Männer auf einer Bank
1892
Vorsignatur: Negativ No. 245
Format: 18*13   Schwarz-weiß
Negativfolie leicht beschädigt

Best. Nr. 50

Lfd. Nr. des Findbuchs: 612

Ruine im Rittergut Ronneburg (Rauna), Lettland
1892
Vorsignatur: Negativ No. 244
Format: 18*13   Schwarz-weiß
Negativfolie an den Rändern leicht beschädigt, Glasplatte am linken Rand gebräunt

Best. Nr. 49

Lfd. Nr. des Findbuchs: 613

Ruine im Rittergut Ronneburg (Rauna), Lettland
1892
Vorsignatur: Negativ No. 243
Format: 18*13   Schwarz-weiß
Glasplattenrand leicht beschädigt, linke obere Ecke fehlt

Best. Nr. 360

Lfd. Nr. des Findbuchs: 614

Blick auf ein Ausflugsschiff auf der Livländischen Aa, im Hintergrund das
Rittergut Ronneburg (Rauna), Lettland
9. Juli 1895
Vorsignatur: Negativ No. 254
Format: 18*13   Schwarz-weiß
Glasplatte links gebräunt

Best. Nr. 146

Lfd. Nr. des Findbuchs: 615

Blick auf den Luftkurort Kipsdorf bei Altenberg in Sachsen, Deutschland
10. August 1905
Vorsignatur: Negativ No. 57
Format: 18*13   Schwarz-weiß
Negativfolie am oberen Rand leicht beschädigt, Glasplatte etwas verschmutzt

Best. Nr. 147

Lfd. Nr. des Findbuchs: 616

Stadtpanorama Eisenach, Deutschland (von der Villa Schambach, dem Wohn-
sitz der Eltern Elisabeth von Oettingens aus aufgenommen)
7. August 1905
Vorsignatur: Negativ No. 56
Format: 18*13   Schwarz-weiß
Negativ etwas dunkel

Best. Nr. 352

Lfd. Nr. des Findbuchs: 617

Blick auf die „Kaiser-Allee" (Stadt unbekannt, Gegend wahrsch. Deutsch-
land), im Bild Männer bei Ausbesserungsarbeiten
4. Juli 1907
Vorsignatur: Negativ No. 286
Format: 18*13   Schwarz-weiß
Negativfolie an den Rändern leicht beschädigt

Best. Nr. 99

Lfd. Nr. des Findbuchs: 618

Ein Junge („Paul ...") gießt Zimmerpflanzen
1907 (Monat schlecht erkennbar)
Vorsignatur: Negativ No. 288
Format: 18*13   Schwarz-weiß
Negativfolie an den Rändern leicht beschädigt

Best. Nr. 347

Lfd. Nr. des Findbuchs: 619

Ein Junge („Paul") neben Zimmerpflanzen
1. Juli 1907
Vorsignatur: Negativ No. 287
Format: 18*13   Schwarz-weiß
Negativfolie an den Rändern leicht beschädigt, Glasplatte etwas fleckig

Best. Nr. 95

Lfd. Nr. des Findbuchs: 620

Im Zimmer aufgebaute Weihnachtsgeschenke für Eberhard von Oettingen
25. Dezember 1907
Vorsignatur: Negativ No. 301
Format: 18*13   Schwarz-weiß
Negativfolie an den Rändern leicht beschädigt, Glasplattenrand links oben
etwas abgesplittert

Best. Nr. 484

Lfd. Nr. des Findbuchs: 621

Ein die Kaiser-Regatta in Cuxhaven, Deutschland, begleitender Dampfer
17. Juni 1899
Vorsignatur: Negativ No. 32
Format: 18*13   Schwarz-weiß
Negativfolie an den Rändern leicht beschädigt, Glasplatte am unteren Rand
leicht gesplittert

Best. Nr. 492

Lfd. Nr. des Findbuchs: 622

Kaiser-Regatta bei Cuxhaven, Deutschland, Blick auf mehrere Segelyachten
(von Bord eines Schiffes aus fotografiert)
17. Juni 1899 (dahinter mit Bleistift geschrieben: 16. III. (März) 1899)
Vorsignatur: Negativ No. 24
Format: 18*13   Schwarz-weiß
Negativfolie an den Rändern leicht beschädigt, links oben ein kleines Stück
der Glasplatte abgebrochen

Best. Nr. 493

Lfd. Nr. des Findbuchs: 623

Kaiser-Regatta bei Cuxhaven, Deutschland, Blick auf mehrere Segelyachten
(von Bord eines Schiffes aus fotografiert)
17. Juni 1899 (dahinter mit Bleistift geschrieben: 16. III. (März) 1899)
Vorsignatur: Negativ No. 23
Format: 18*13   Schwarz-weiß
Negativfolie rechts oben leicht beschädigt

Best. Nr. 485

Lfd. Nr. des Findbuchs: 624

Kaiser-Regatta bei Cuxhaven, Deutschland, im Bild die Kaiseryacht Wilhelms
II. „Meteor"
17. Juni 1899
Vorsignatur: Negativ No. 31
Format: 18*13   Schwarz-weiß
Negativfolie an den Rändern leicht beschädigt

Best. Nr. 487

Lfd. Nr. des Findbuchs: 625

Kaiser-Regatta bei Cuxhaven, Deutschland, im Bild die Kaiseryacht Wilhelms II. „Meteor"

17. Juni 1899

Vorsignatur: Negativ No. 30

Format: 18*13   Schwarz-weiß

Negativfolie an den Rändern leicht beschädigt, rechte untere Ecke der Glasplatte abgebrochen

Best. Nr. 486

Lfd. Nr. des Findbuchs: 626

Kaiser-Regatta bei Cuxhaven, Deutschland, im Bild die Kaiseryacht Wilhelms II. „Meteor"

17. Juni 1899

Vorsignatur: Negativ No. 30

Format: 18*13   Schwarz-weiß

Negativfolie an den Rändern leicht beschädigt, rechte untere Ecke der Glasplatte abgebrochen

Best. Nr. 490

Lfd. Nr. des Findbuchs: 627

Kaiser-Regatta bei Cuxhaven, Deutschland, im Bild eine Segelyacht

17. Juni 1899 (dahinter mit Bleistift geschrieben: 16. III (März) 1899)

Vorsignatur: Negativ No. 26

Format: 18*13   Schwarz-weiß

Glasplatte am rechten Rand etwas gesplittert

Best. Nr. 491

Lfd. Nr. des Findbuchs: 628

Kaiser-Regatta bei Cuxhaven, Deutschland, im Bild eine Segelyacht

17. Juni 1899 (dahinter mit Bleistift geschrieben: 16. III. (März) 1899)

Vorsignatur: Negativ No. 25

Format: 18*13   Schwarz-weiß

Negativfolie an den Rändern leicht beschädigt

Best. Nr. 489

Lfd. Nr. des Findbuchs: 629

Kaiser-Regatta bei Cuxhaven, Deutschland, im Bild u.a. das Schiff der Kaiserin „I.M.Y. Iduna"
17. Juni 1899
Vorsignatur: Negativ No. 27
Format: 18*13   Schwarz-weiß
Negativfolie an den Rändern leicht beschädigt

Best. Nr. 488

Lfd. Nr. des Findbuchs: 630

Kaiser-Regatta bei Cuxhaven, Deutschland, rechts im Bild die Kaiseryacht
Wilhelms II. „Meteor"
17. Juni 1899
Vorsignatur: Negativ No. 28
Format: 18*13   Schwarz-weiß
Negativfolie an den Rändern leicht beschädigt, rechts unten ein kleines Stück
der Glasplatte abgebrochen

Best. Nr. 483

Lfd. Nr. des Findbuchs: 631

Kinderversammlung am Alten Gewandhaus zu Leipzig, Deutschland
10. Juli 1899
Vorsignatur: Negativ No. 34
Format: 18*13   Schwarz-weiß
Negativ links unten etwas verschwommen

Best. Nr. 60

Lfd. Nr. des Findbuchs: 632

Am Gorner Grat bei Zermatt, Schweiz, Blick auf das Matterhorn, vorne Elisabeth von Oettingen im Schnee
15. September 1908
Vorsignatur: No. 344
Format: 18*13   Schwarz-weiß
Negativfolie am unteren Rand leicht beschädigt, Glasplatte etwas verschmutzt

Best. Nr. 61

Lfd. Nr. des Findbuchs: 633
Am Gorner Grat bei Zermatt, Schweiz, Blick auf den Monte Rosa Gletscher
14. September 1908
Vorsignatur: Negativ No. 345
Format: 18*13   Schwarz-weiß
Negativfolie am unteren Rand leicht beschädigt, Glasplatte etwas verschmutzt

Best. Nr. 63

Lfd. Nr. des Findbuchs: 634
Blick auf Genua (Genova), Italien, links im Bild das Columbus Denkmal
17. September 1908
Vorsignatur: No. 347
Format: 18*13   Schwarz-weiß
Negativfolie an den Rändern leicht beschädigt

Best. Nr. 3

Lfd. Nr. des Findbuchs: 635
Großes Dampfschiff (Name unbekannt)
18. September 1908
Vorsignatur: Negativ No. 348
Format: 18*13   Schwarz-weiß
Negativfolie an den Rändern leicht beschädigt, Glasplatte etwas verschmutzt

Best. Nr. 4

Lfd. Nr. des Findbuchs: 636
Hof des Bardo-Museums in Tunis, Tunesien, links im Bild Elisabeth von Oet-
tingen
23. September 1908
Vorsignatur: Negativ No. 352
Format: 18*13   Schwarz-weiß
Glasplatte etwas verschmutzt, Negativfolie an den Rändern leicht beschädigt

Best. Nr. 516

Lfd. Nr. des Findbuchs: 637
Innenansicht der Ruine des Römischen Amphitheaters in El Djem, Tunesien
25. September 1908
Vorsignatur: Negativ No. 363
Format: 18*13   Schwarz-weiß
Negativfolie an den Rändern leicht beschädigt, Glasplatte etwas verschmutzt

Best. Nr. 2

Lfd. Nr. des Findbuchs: 638

    Moschee in Tunis, Tunesien

    22. September 1908

    Vorsignatur: Negativ No. 350

    Format: 18*13   Schwarz-weiß

    Negativfolie etwas verschmutzt

Best. Nr. 62

Lfd. Nr. des Findbuchs: 639

    Reisezug am Bahnhof von Iselle, Italien, in den Alpen

    16. September 1908

    Vorsignatur: Negativ No. 346

    Format: 18*13   Schwarz-weiß

    Negativfolie am oberen Rand leicht beschädigt, Glasplatte verschmutzt

Best. Nr. 1

Lfd. Nr. des Findbuchs: 640

    Sidi-'Okba-Moschee in Kairuan, Tunesien

    24. September 1908

    Vorsignatur: Negativ No. 359

    Format: 18*13   Schwarz-weiß

    Negativfolie an den Rändern beschädigt

Leere Hüllen

Best. Nr. 645

Lfd. Nr. des Findbuchs: 641
Sonstiges, schwer zu entziffern
Enthält u.a.:
Fürstenberg, Kloster; Hochstein v. Fenster; der Clemensfelsen
o. Datum
Vorsignatur: Leere Hüllen

Best. Nr. 642

Lfd. Nr. des Findbuchs: 642
Estland
Enthält:
Bei Blassau(?) am Ungulaschen(?) Strande; Villa Ungula(?) von Udria(?) aus;
Wiese in Monplaisir; Udriabach mit Reinhard(?); Ungula(?), „Wolkenstrand-
steinbild"; Nigula, Blick nach Monplaisir; Ruhe am estländischen Strande;
Ungula, „Bareszene"(?); Ungula(?), Neunte Stein...?; Ungula, Schemiotts n.
unten(?); Udriabach mit Albert; Ungula, Blick auf Monplaisir u. d. Veran-
da(?); Ungula, Sturmbild von oben; Ungula(?), Untergehende Sonne; ... Wai-
wara (Estland); Ottikas(?) beim Fischfang
1888-1905
Vorsignatur: Leere Hüllen

Best. Nr. 644

Lfd. Nr. des Fndbuchs: 643
Russisch-Japanischer Krieg
Enthält:
Walter und Elisabeth von Oettingen zum Waggon fliehend; Stadt Ufa (Russ-
land); Eho (China), „Auf der Pasigier"(?); Eho (China), rauchloses ...?; See an
der Sibirischen Eisenbahn
1904-1905
Vorsignatur: Leere Hüllen

Best. Nr. 643

Lfd. Nr. des Findbuchs: 644

Familie; Verwandschaft; Bekannte

Enthält:

Eberhard, Lakelei ...; Ehi und Eber im Schölensch.(?) Park; Schölen Park, Ehi
und Eber...; Schölen Park, Ehi und Eber im Balkon; Schölen Park, Ehi, Walter,
Eberhard auf Balkon, Schölens Park, Ebi und Eber auf Balkon; Lotte, Kä-
the(?), Trure und Eberhard; Trure Worthmüller(?); Trure; Lotte und Eberhard;
Lotte, Ralph(?), Trure; Oso, Kinder; Oso, George, Agi auf Fuchsgut; Agi,
George auf Fuchs; Oso, der Bach; Vati und ...? Schambach...; Vat. Schambach
von Hochstein(?); Haus Tettan(?); zu seinem Geburtstag bei uns
1907-1908

Vorsignatur: Leere Hüllen

Best. Nr. 641

Lfd. Nr. des Findbuchs: 645

Reisen

Enthält:

Cagliari (Italien); Bardo (Museum) bei Tunis (Tunesien); Kairuan (Tunesien).
Tür der Okba-Moschee; Kairuan (Tunesien); Straße in Kairuan (Tunesien);
Ruine El Djem (Tunesien); Carthago (Tunesien), „Bären des Antonius"(?);
Carthago (Tunesien), Hospitz; Ruinen von Carthago (Tunesien); Latomien in
Syrakus (Sizilien); Amphitheater in Syrakus (Italien); Straße in La Valetta
(Malta); Malta, Hafen von oben; Hafen von Malta; Oase Gabes (Tunesien);
...gräber(?) in Tripolis (Libyen); ...rüste(?) bei Tripolis (Libyen); Taormina
(Sizilien); Messina (Italien);
1907-1908

Vorsignatur: Leere Hüllen

ANHANG 1

Nachlassteile Walter und Elisabeth von Oettingen aus dem Bestand 8/ 4

Best. Nr. 10

Lfd. Nr. des Anhangs: 1

Portrait eines Sanitätsoffiziers (Bleistift auf Karton, 24,5 x 32,5 cm) und Einrichtungsverzeichnis des Wagens Nr. 10, Lazarettzug L
Laufzeit: o.D.
Umfang: 3 Bl.
Lagerort abweichend: In ÜFA3, 1.

Best. Nr. 125

Lfd. Nr. des Anhangs: 2

Elisabeth von Oettingen, Orden und Zeugnisse
Enthält u.a.:
Zeugnisse der Schwesternausbildung 1902; Zeugnis über die 1914-1919 im Lazarettzug L abgeleisteten Dienste; Leumundszeugnis von 1928; Verleihungsurkunden verschiedener Orden; Ehrenkreuz der Deutschen Mutter 1939
Darin:
Russische Schreiben (Auszeichnungen, Zeugnisse?)
Laufzeit: 1902-1939
Umfang: 0,5 cm

Best. Nr. 123

Lfd. Nr. des Anhangs: 3

Zeitungsausschnitte zur Tätigkeit des Ehepaars Oettingen (u.a. Betrieb von Feldlazaretten für das Rote Kreuz)
Laufzeit: o.D. u. 1904-1913
Umfang: 1 cm
Lag ursprünglich lose in 8/ 4, 122.
Siehe auch:8/ 4, 122

Best. Nr. 157

Lfd. Nr. des Anhangs: 4

Vortrag Elisabeth von Oettingens zum Russisch-Japanischen Krieg 1904/1905
Enthält:
Vortrag verfasst von Elisabeth von Oettingen über die Tätigkeit des Livländi-
schen Roten Kreuzes im Russisch-Japanischen Krieg
Laufzeit: o. Datum, geschätzt: 1905
Umfang: 19 S.
Siehe auch:8/ 4, 122-124; 8/ 6, 582, 615-639

Best. Nr. 122

Lfd. Nr. des Anhangs: 5

Album mit eingeklebten Zeitungsausschnitten und Briefen zur Tätigkeit des
Ehepaars Oettingen im russisch-japanischen Krieg
(Feldlazarett in der Mandschurei)
Laufzeit: 1905-1906
Umfang: 1 Bd.
*Weiteres zugehöriges Material lag bei, wurde aber nicht mehr eingeordnet
oder eingeklebt, s. 8/ 4, 123-124.*

Best. Nr. 124

Lfd. Nr. des Anhangs: 6

Publikation und Vorträge zu den Erinnerungen Elisabeths von Oettingen
„Unter dem Roten Kreuz im russisch-japanischen Kriege. Erinnerungen einer
Barmherzigen Schwester. Leipzig 1905".
Laufzeit: 1905-1910
Umfang: 10 Bl.
Lag ursprünglich lose in 8/ 4, 122.
Siehe auch:8/ 4, 122

Best. Nr. 129

Lfd. Nr. des Anhangs: 7

Verträge zur Verwertung des Mittels Mastisol
(Klebemittel für Verbandsstoffe)
Laufzeit: 1911-1912
Umfang: 1 cm

Best. Nr. 131

Lfd. Nr. des Anhangs: 8

Vermischtes und Fragmente (u.a. politische Korrespondenz, Gedicht, Zeitungsausschnitte, Rezensionen)
Laufzeit: 1912-1947
Umfang: 1 cm

Best. Nr. 5

Lfd. Nr. des Anhangs: 9

Herausgabe einer Broschüre über die Tätigkeit des Lazarettzuges
Laufzeit: 1914
Umfang: 0,1 cm

Best. Nr. 9

Lfd. Nr. des Anhangs: 10

Lazarettzug L, Kriegstagebuch (Konzept)
Laufzeit: 1914
Umfang: 0,5 cm

Best. Nr. 8

Lfd. Nr. des Anhangs: 11

Etappenbefehle der Etappen-Inspektion 7 (Westfront)
Darin:
Befehle höherer Dienststellen des Sanitäts- und des Eisenbahntransportwesens; Feldzeitung der 5. Armee vom 31.12.1916; Extrablatt der Oppelner Zeitung vom 28.2.1915
Laufzeit: 1914 (-1917)
Umfang: 0,5 cm

Best. Nr. 7

Lfd. Nr. des Anhangs: 12

Lazarettzug L, Verschiedenes
Enthält u.a.:
Gedicht für Elisabeth von Oettingen; Anhänger für einen Verwundeten; Karten; Kulturveranstaltungen
Laufzeit: 1914-1918
Umfang: 0,1 cm

Best. Nr. 6

Lfd. Nr. des Anhangs 13

Lazarettzug, Finanzierung und Organisation durch das Rote Kreuz
Laufzeit: 1914-1918
Umfang: 1 cm

Best. Nr. 133

Lfd. Nr. des Anhangs 14

Danktelegramm der Kronprinzessin Cecilie für die einjährige Tätigkeit des Lazarettzuges L
Laufzeit: o.D. [1915]
Umfang: 1 Bl.
Auf Pappe aufgezogen, einem Bilderrahmen entnommen. Zwei Löcher.

Best. Nr. 2

Lfd. Nr. des Anhangs: 15

Einsatz des Lazarettzuges L (u.a. Berichte über geleistete Fahrten)
Laufzeit: 1915-1918
Umfang: 0,5 cm

Best. Nr. 4

Lfd. Nr. des Anhangs: 16

Telegramme und Depeschen
Laufzeit: 1915-1918
Umfang: 0,5 cm

Best. Nr. 1

Lfd. Nr. des Anhangs: 17

Lazarettzug L - Kronprinzessin Cecilie
Enthält:
Ausweise und Passierscheine (1); Gedichte „Zu Kaisers Geburtstag 1916",
„An Herrn Professor von Oettingen", „An meinen Kameraden" u. „Frohe
Stimmung im Lazarettzug" vom Kriegsfreiwilligen Hans Zietzschmann (2);
Lebensmittelmarken, Bezugsscheine usw. (3); 11 Fotos des Lazarettzuges und
seiner Ausstattung
Laufzeit: 1916-1918
Umfang: 1 cm
1 Foto in Fotosammlung entnommen.

Best. Nr. 132

Lfd. Nr. des Anhangs: 18

Korrespondenz Elisabeth von Oettingen
Enthält u.a.:
Kronprinzessin Cecilie
Laufzeit: 1916-1925
Umfang: 1 cm

Best. Nr. 3

Lfd. Nr. des Anhangs: 19

Elisabeth von Oettingen (Schädigung durch einen Eisenbahnunfall)
Laufzeit: 1918-1919
Umfang: 10 Bl.

Best. Nr. 130

Lfd. Nr. des Anhangs: 20

Manuskripte Walter von Oettingen
Enthält:
Bildung deutscher Auswanderer-Kolonien im Ausland (1927)
Der südamerikanische Tee Herva-Mate und seine Bedeutung als Genussmittel
für Alt und Jung (1928)
Wundbehandlung mit Mastisol und Tiefendesinfektion (1936, nicht veröffent-
licht)
Laufzeit: 1927-1936
Umfang: 1 cm

Best. Nr. 127

Lfd. Nr. des Anhangs: 21

Manuskripte Walter von Oettingen
Enthält:
Irahy oder Aguas do Mel. Ein brasilianisches „Teplitz" (1935) [Heilquellen]
Denkschrift zur Lösung der Frage der Löslichkeit von Nierensteinen in heil-
quellenhaltigem Urin (1939), mit Beilagen
Laufzeit: 1935-1940
Umfang: 1 cm
2 Fotos zur Fotosammlung 8/ 3 entnommen: W. und E. v. Oettingen 1940.

Best. Nr. 126

Lfd. Nr. des Anhangs: 22

Lebenserinnerungen Walter von Oettingen
Darin auch:
‚Überlegungen zur Einrichtung eines Medizin-Attachédienstes am Beispiel
Brasilien
Laufzeit: 1941 [erste Fassung], 1948-1949 [zweite Fassung, Nachträge]
Umfang: 60 S.

Best. Nr. 128

Lfd. Nr. des Anhangs: 23

Finanzielle Ansprüche aus der Verwertung der Erfindung des Mittels Mastisol
(Klebemittel für Verbandsstoffe)
Laufzeit: 1962-1965
Umfang: 2 cm

ANHANG 2

Vortrag Elisabeth von Oettingens über den Russisch-Japanischen Krieg (1904/1905)

1.

Charakterisierung

Der Vortrag Elisabeth von Oettingens umfasst zwanzig handgeschriebene Folioseiten, von denen jedoch offensichtlich die ersten sieben Seiten fehlen (die Numerierung beginnt bei „7"). Im Text finden sich insgesamt siebenundzwanzig Stichworte (mit Bleistift numeriert von „2" bis „25", daneben drei nicht numerierte, mit Bleistift durchgestrichene Stichworte), teilweise in roter Schrift in einer einzelnen Zeile aus dem Text hervorgehoben, teilweise in den Text integriert und rot umrandet, denen bis auf wenige Ausnahmen kolorierte Glasplattennegative aus dem Glasplattennachlass des Ehepaars von Oettingen zugeordnet werden konnten. Diese Glasplattenpositive dienten offensichtlich der Illustration des Vortrages.

Einige der von Elisabeth von Oettingen vor Publikum gehaltenen Vorträge konnten mithilfe von verstreuten Zeitungsausschnitten aus dem Nachlass des Ehepaars Oettingens rekonstruiert werden:

- 7. Dezember 1905 für den „Teltower Frauenverein" im Teltower Kreishaus in Berlin
- im Landratsamt im Berlin unter dem Protektorat der Prinzessin Friedrich Leopold von Preußen (Datum unbekannt)
- 14. Februar 1906 für den „Flottenbund deutscher Frauen", Ortsgruppe Freiburg im Breisgau im Saal der Höheren Töchterschule in Freiburg
- 13. März 1906 für den Verein „Vereinigung für gesundheitlichen und geistigen Fortschritt Stieglitz" im Restaurant Patzenhofer in Stieglitz
- um 1910 wahrsch. für den „Vaterländischen Frauenverein für die Gemeinde Langendreer"
- für den Verein des „Roten Kreuzes" in Berlin-Wilmersdorf (gemeinsam mit Walter von Oettingen, Datum unbekannt)

Um welchen der Vorträge es sich bei dem vorliegenden handelt, konnte nicht geklärt werden.

2.

Inhalt

Elisabeth von Oettingen berichtet in ihrem durch mehrere Glasplattenpositive unterstützten Vortrag über die Tätigkeit des Livländischen Roten Kreuzes, das im Russisch-Japanischen Krieg (1904/1905) ein Feldlazarett unter der ärztlichen Leitung Walter von Oettingens ausgerüstet hatte. Elisabeth von Oettingen, für das Livländische Feldlazarett als Operationsschwester tätig, gibt zuerst eine kurze Beschreibung der ersten noch relativ weit von der Kriegsfront entfernten Einsatzorte des Livländischen Feldlazaretts (Urulga, Sibirien und Charbin, China), des mitgeführten medizinischen Gerätes und der Methoden der Verwundetenversorgung.

Der größere Teil des Vortrages umfasst eine Beschreibung der Tätigkeit des Livländischen Feldlazaretts in Mukden, wenige Kilometer von der Kriegsfront entfernt.

Neben einer Schilderung des Stadtbildes geht Elisabeth von Oettingen ausführlich auf die von Rotem Kreuz und Militär zum Transport Verwundeter benutzten Wagen und Tragen ein.

Es folgt eine Beschreibung Schlacht von Mukden (Februar/März 1905) und ihrer Auswirkungen auf die Arbeit der Ärzte, Sanitäter und Krankenschwestern: die große Anzahl Verwundeter, die hohe Mortalitätsrate unter den verwundeten Soldaten aufgrund langer Transportwege in die Lazarette und ungenügender Transportmittel, die durch die Zahl der Verwundeten kaum zu bewältigende Versorgung durch Ärzte und Krankenschwestern im Livländischen Feldlazarett und die Evakuierung eines Teils des Lazarettpersonals aus Mukden während des Rückzugs der Russischen Landstreitkräfte.

Transkription des Bildvortrages zur Tätigkeit des Roten Kreuzes im Russisch-Japanischen Krieg (1904-05), gehalten von Elisabeth von Oettingen

8[1]

Als im Frühjahr 1904 der Russ[isch] Jap[anische] Krieg
ausbrach[2], begann[3] im russ. R[oten] K[reuz]
reges Leben. In Riga wurde das Livl[ändische]
Feldlaz[arett] vom Roten Kreuz ausgerüstet u[nd] mein
Mann, damals Chirurg in Berlin, als
Chefarzt berufen. Ich selbst durfte als
Operationsschwester ihm folgen. Lassen
Sie mich wenigstens einen Teil der Arbeit an der Hand[4] von uns aufgenommenen Photogr[afien] schildern. Zunächst
stelle ich Ihnen das Personal[5] des Laz[aretts] vor,

SKRYDLOW[8]

wie es auf einer der Stationen der
endlosen sibirischen Eisenbahn den
Admiral Skrydlow[6] begrüsst, der hinaus
fuhr, das Kommando der ostasiatischen Flotte
zu übernehmen.
Von Petersburg nach Wladiw[ostok],
also auf einer Strecke von 9000 Kilom[etern] reihten sich
die Depots des Roten Kreuzes wie Glieder einer
langen Kette aneinander. Vielfach waren[7]

---

1 Seitenzahlen zentriert, rot, unterstrichen
2 „begann", „entbrannte" jeweils durchgestrichen
3 „sich" durchgestrichen
4 „der" [?] durchgestrichen
5 „Personal" unterstrichen
6 Skrydlow, N. I., als Nachfolger Vizeadmirals Makarov Oberbefehlshaber der russischen
   Ostasienflotte im Russisch-Japanischen Krieg
7 Weiser mit Bleistift: dort Etappenkolonien stationiert
8 Skrydlow in den Text integriert, rot hervorgehoben, daneben mit Bleistift: 2

9

dort Etappenkolonien stationiert, die so gut es eben ging, die vorhandenen[9] Baulichkeiten zu Stationen verschiedener Art herrichten mussten.
Unser schönes Lazarett, das erstklassig
ausgerüstet war, hatte es doch vom Centr[al]
C[omitee][10] in Berlin[11] für Tausende von Mark Aus-
rüstungsgegenstände und Instrumente
erhalten, wurde zunächst verurteilt,
in einem sib[irischen] Steppendorf Urulga

HOCHDORF URULGA[14]

ein Lazarett zu errichten. Viel 1000 km
hinter dem Kriegsschauplatz, ja von
diesem etwa entfernt, wie Berlin von
Madrid, konnten wir kaum auf
segensreiche Arbeit hoffen und in Er-
mangelung jeglicher Gebäude schlugen
wir unser Zeltlager[12] an der Bahn
auf. Endlich hatten wir eine pri-
mitive Schule hergerichtet, die ersten
Verwundeten sollten gerade eintreffen,
da kam ein Befehl weiter nach dem[13]

---

9 „vorhandenen" unterstrichen
10 Zentralkomitee des Roten Kreuzes
11 „Berlin" unterstrichen
12 „Zeltlager" rot umrandet, daneben mit Bleistift: 3
13 Weiser mit Bleistift: Osten, mitten in die Mandschurei
14 „Hochdorf Urulga" in den Text integriert, rot hervorgehoben, mehrmals mit
   Bleistifturchgestrichen

10

Osten, mitten in die Mandschurei
nach Eho zu ziehen. Drei Tage Arbeit
Tag und Nacht, dann waren die 13 Wag[gons]
wieder eingeparkt und weiter ging es bei
einer Hitze bei 43 Gr[ad C].
In Charbin, der russ[issch] mand[schurischen] Zentrale,
erhielten wir weitere Befehle. Eho war
eine Kosakneniederlassung zum
Schutz gegen die Chunchusen und zur Be-
wachung der riesigen Brücke über den
Strom[15] Mundanzian[;] es[16] lag auf halbem
Weg zwischen Charbin und Wladiwostok.
Wir besichtigten gleich die Baulichkeiten[,] als plötzlich eine Depesche
die Ankunft von 21 Verwundeten für
den nächsten Abend ankündigte. Hier
bewährte es sich, das unsere 24 San[itäter] geschult[17] waren. In 2 Stu[nden] waren alle Wagen ausgepackt und die Sachen mit
Hilfe von etwa 50[18] Soldaten trotz strömenden
Regens durch tiefen Morast dem
Lazarett zugeführt.[19]

---

15 „Fluß" durchgestrichen
16 „es" mit Bleistift, u. durchgestrichen
17 „geschult" unterstrichen
18 „etwa 50" mit Bleistift über dem Text
19 Weiser mit Bleistift: Wir errichteten eine große

11

Wir richteten eine grosse, noch im Bau
befindliche
KASERNE[20]
als Hospital ein. Schon am anderen
Morgen standen 200 Betten in den grossen Sälen sauber in Reih und Glied. Jeder
Schwester wurden 25 B[etten] zugeteilt, zwei
Schwestern übernahmen die Vorräte,
zwei andere die Aufsicht über die chines[ischen]
Köche und Wäscher.
Kaum war die notdürftigste Einrichtung
vollendet, als schon der Sanitätszug
vor dem improv[isierten] Bahnsteig hielt,

ANKUNFT VOM LAZARETTZUG[21]

denn auch Bahnsteige müssen oft
im Krieg improvisiert werden. Die Verwundeten wurden auf Bahren gelegt,
teils wanderten sie, auf Krücken ge-
stützt, zum Hospital.
Bei der Menge von Verwundeten
ging die erste Versorgung naturgemäss

TROMPETERJUNGE[22, 23]

---

20 „Kaserne" in den Text integriert, rot hervorgehoben, daneben mit Bleistift: 4
21 „Ankunft von Lazarettzug" in den Text integriert, rot hervorgehoben, daneben mit Bleistift: 5
22 „Trompeterjunge" in den Text integriert, rot hervorgehoben, daneben mit Bleistift: 6
23 Weiser mit Bleistift: recht überhastet vor sich

12

recht überhastet vor sich.[24] Schon nach
wenigen Stunden war jeder Krieger an seinem Platz und eine friedliche Stille zog in
die weiten Räume ein. Natürlich war jede
Art von Verletzung vielfach[25] vertreten. Und
doch musste jeder Fall von z. B. die[26] durchschossenen
Oberarmknochen, wie Sie hier sehen,

OBERARMSCHÜSSE[30]

sei es mit Gips, sei es mit Schienenver-
band, individuell[27] behandelt werden.
Das lässt sich im Rücken der Armee,
weit eher als an der Front erreichen.
Bei vielen der Verwundeten musste
zur Operat[ion] geschritten werden, aber noch
waren die dazu notwendigen Räume
nur im Rohbau fertig. In solchen Fällen
ist eine DÖCKERSCHE BARACKE[28] von unschätz-
barem Wert. Man hatte sich in Petersb[ur]g
gegen die Mitnahme sehr gesträubt,
in der Annahme, das dortige Klima
mit seiner übergrossen Hitze und ebenso
strengen Kälte lasse die Benutzung
nicht zu. Die Erfahrung belehrte uns[29]

---

24 „Doch" durchgestrichen
25 „vielfach" rot unterstrichen
26 „z. B. die" in rot in den Text eingefügt
27 „individuell" unterstrichen
28 „Döckersche" Baracke rot umrandet, daneben mit Bleistift: 8;
29 Weiser mit Bleistift: eines Besseren
30 „Oberarmschüsse" in den Text integriert, rot hervorgehoben, daneben mit Bleistift: 7,
    Trompeterjunge" überschrieben

13

eines Besseren. Fünf grosse Petroleumlam-
pen vermochten sogar bei 12 Gr[ad Celsius] Kälte die
Räume im Verein mit dem Sterilis[ator] und In-
strumentenkocher zu heizen. stellten sie später[31]
Solch eine Baracke ist bei einiger Uebung
in etwa 8 St[un]d[en] aufgestellt und ebenso schnell
wieder verpackt. Ausser dem Operat[ions]saal
hatten wir einen Verbandraum, in dem
die Sterilisatoren standen, Röntgen- und
Dunkelkammer nebst Vorratsraum. Aus
den umliegenden Lazaretten wurden
Verwundete auf Hunderte von kilom[etern]
zur Röntgenuntersuchung zu uns
gebracht.

OPERATION IN DÖCKER[33]

Mit allen modernen Einrichtungen
war das Lazarett versehen, Tupferkessel
Standapparate für sterile Flüssigkei-
ten waren vorhanden und so glich die
Döckersche Baracke tief in der Mandsch[urei]
einer Berliner Klinikenminiatur.
Mit eine der grössten Schwierigkeiten[32]

---

31 „stellten sie später" mit Bleistift neben der Zeile
32 Weiser mit Bleistift: bot, wie wol [sic.] meist im Kriege
33 „Operation in Döcker" in den Text integriert, rot hervorgehoben, daneben mit Bleistift: 9

14

bot, wie wol [sic!] meist im Kriege, die
Wäschereinigung. Hier war es von grösstem
Wert, dass eine unserer Schwestern über
alle diese Fragen genau Bescheid wusste,
und unermüdlich selbst Hand anlegte,

WÄSCHEZELT[36]

so dass sie ihren Stab bezopfter Wäscher
und Plätter mit Erfolg regieren [?] konnte.
Ich erwähne das besonders, weil irrtüm-
licherweise der Posten der Wirtschafts-
schwestern so oft[34] als nicht gleichwertig angesehen wird. Das notwendige Wasser
musste tonnenweise vom tief im Tal
liegenden Fluss heraufgebracht werden,
was zwei Wasserträger von früh
bis abend beschäftigte.
Nach kurzer Zeit hatten wir
1500 Verwundete verpflegt, ohne jedoch
den eigentlichen Sanitätsdienst im
Krieg kennengelernt zu haben. Daher
wurde die erneute Abberufung eines
Teils unserer Kolonne an die Front mit
Begeisterung aufgenommen. In[35]

34 „so oft" eingefügt
35 Weiser mit Bleistift: fieberhafter Eile ging es
36 „Wäschezelt" rot hervorgehoben, daneben mit Bleistift: 10

15

fieberhafter Eile ging es an die Vorbereit[un]g[en],
denn jetzt hiess es, sich mit sterilem
Verbandszeug zu versehen, solang noch
die Möglichkeit dazu vorhanden war.

TUPFERMACHEN[39]

Mit Hilfe von Rekonvaleszenten und dem
als Operationsdiener abgerichteten Chinesen-
boy Tschifu wurden Tausende von Wund-
bäuschen hergestellt. Diese wickelten
wir zu 10 und 20 St[ück] in Pergamentpa-
pier ein und trugen sie auf den Hof,
wo unserer BERLINER DESINFEKTOR[37] von
Lautenschläger aufgestellt war. Nach
mehrstündiger Sterilis[ation] schlossen
wir die Pakete zu Rollen, so dass sie
für die Schlachten gebrauchsfertig
waren. Heute werden sie nach jenem
Muster in riesigen Fabriken im Grossen hergestellt.
In einem der vielen Lazarettzüge
vom Roten Kreuz, die leer nach der Front
fuhr, legten wir die Reise in 4 T[a]g[en]
zurück. Bei Ankunft in der[38]

---

37 „Berliner Desinfektor" rot umrandet, daneben mit Bleistift: 12
38 Weiser mit Bleistift: alten Kaiserstadt Mukden
39 „Tupfermachen" in den Text integriert, rot hervorgehoben, daneben mit Bleistift: 11

16

alten Kaiserstadt Mukden, dem Zen-
trum der mandsch[urischen] Länder und mandsch[urischen] Le-
bens, mussten wir erst, in welcher Ab-
geschiedenheit wir bis dahin gelebt hatten.

Hauptstrasse Mukten[40]

In der Hauptstr[asse] herrschte beständig
ein jahrmarktähnliches Treiben. Zwischen
Fudutunken, Rikshaws und Arben mischten
sich russ[ische] Train[s], Munitionsvorräte und
Krankenschwestern. Von den Dächern
baumeln buntbemalte Schilder die Stras-
se hinab, vergoldete Stiefel, Kork und Porzel-
langeschirre und andere Abzeichen. Phantasti-
sche Vögel zieren die Dächer und seltsame
Arabesken erzählen von einer tausend-
jährigen, chinesischen Kunst.
Die uns gestellte Aufgabe bestand
darin, den ...Teil des grossen, in
der Nähe der Bahnstation zu errich-
tenden Sortierungspunktes[41] zu orga-
nisieren. Die Militärbehörde hatte
sich zwei Erdhütten von riesigen[42]

---

40 „Hauptstrasse Mukden" rot hervorgehoben, mit Bleistift mehrmals durchgestrichen
41 „Sortierungspunktes" unterstrichen
42 Weiser mit Bleistift: Dimensionen ausführen [?] lassen

17

Dimensionen ausführen lassen, die
Hälfte der Einen [sic!] dem Roten Kreuz zur Verfügung gestellt. Immerhin konnten 250 Mann
in dem uns zugewiesenen Teil bequem unter-
gebracht werden.
Am besten zeigt Ihnen dieser
SITUATIONSPLAN[43]
das kleine Dorf, das sich allmählich
um unser Lazarctt gruppierte. Das grosse Viereck bedeutet die Erdhütte für
500 Soldaten. Daneben ist ein Keller in
die Erde gegraben, um Vorräte aufzu-
heben. Ein Korridor verband das Lazarett mit der Döckcrschen Baracke,
die wir auch hierher wieder mitgenom-
men hatten. Den Beschluss bildete
ein Raum für 22 Offiz[iere]. Sämtliche Räume waren sog[enannte] Improvisationsbauten[44],
die z. T. nach eigenen Plänen gebaut
wurden. Einige Stufen führten zu unserer unterirdischen Behausung hinab, die
einem ganz niedrigen D. Zug Waggon
glich. Geflochtene Strohmatten bedeckten[45]

---

43 „Situationsplan" rot hervorgehoben, mehrmals durchgestrichen
44 „Improvisationsbauten" unterstrichen
45 Weiser mit Bleistift: den feuchten Boden

18

den feuchten Boden. Von den Wänden
floss das Wasser, Stiefel und Kleider vermo-
derten und[46] obwol [sic!] die Lehmöfen immer brann-
ten, wehte[47] eine gewisse Grabesluft.
Hier unten wohnten wir viele Monate.
Rechts im Zelt lagen zuerst unsere Ge-
rätschaften, später war es mit Toten angefüllt

ERDHÜTTE[50]

Die grosse Erdhütte war ein Wunderbau
Auf einer Gesamtfläche von 24+60 Metern
errichtet begann das Dach gleich am Erdboden und erhob sich etwa 5 Meter hoch. Grosse
Oefen wärmten den Raum ganz vorzüg-
lich. Bald begann unsere grosse Arbeit.
Vertreter der verschiedenen in Russland
vorhandenen Nationen und Konfessionen
fanden sich auch in Mukden zusammen. So bildeten die Deutschen eine
kleine Gemeinde für sich, in der sie bei
den evang[elischen] Pastoren abwechselnd Sonn-
tags Andacht hielten. Auch unsere
deutschen Militärattachés beteiligten
sich an den Feiern und waren auch sonst
häufig liebe Gäste im Roten Kreuz

GOTTESDIENST[48][49]

---

46 „und" mit Bleistift eingefügt
47 „herrschte" durchgestrichen
48 „Gottensdienst" rot hervorgehoben, daneben mit Bleistift: 13, Gottesdienst überschrieben,
49 Weiser mit Bleistift: Entsprechend der Wichtigkeit
50 „Erdhütte" in den Text integriert, rot hervorgehoben, daneben mit Bleistift: 12

19

Entsprechend der Wichtigkeit der Transportfragen im Kriege lassen Sie mich

Finnischer Karren mit Zoege[55, 56]

zuerst einige Modelle zeigen, wie sie
dem Gelände[51] angepasst werden mussten. Höchst zweckentsprechend, aber in
viel zu wenig Exemplaren vorhanden
waren die Finnischen Federwagen[52], die
eigentl[ich] überall zu gebrauchen sind.
Dauerhaft gebaut, gut federnd
und doch ganz leicht, nehmen sie bis zu
4 Verwundete auf. Durch Gräben und Flüsse
kann man nötigenfalls darin fahren,
die Räder sind von ausserordentlicher
Festigkeit.
Ganz besonders dem Gelände
entsprechend[53] [54] waren die Maultiertragen.

Maultiertragen[57]

Auf zwei langen Bambusstäben ruh-
te eine mit Wachstuch überspannte
Tragbahn; der unregelmässige Gang
der beiden Tiere verhinderte ein zu starkes

---

51 „Gelände" unterstrichen
52 „Federwagen" unterstrichen
53 „entsprechend" mit Bleistift
54 „angepasst" durchgestrichen
55 „Finnischer Karren mit Zoege" in den Text integriert, rot hervorgehoben,
   daneben mit Bleistift: 14
56 Zoege v. Manteuffel, Werner Maximilian (1857-1926), im Russisch-Japanischen Krieg Bev-
   ollmächtigter der fliegenden Sanitätskolonne der Kaiserin Maria Fedorovna und beratender
   Chirurg des Roten Kreuzes
57 „Maultiertragbahren" rot hervorgehoben, daneben mit Bleistift: 15

20

Schaukeln und wiederholt lobten die Verwundeten die Art des Transportes.
Hier möchte ich nochmals[58] der Improvi-
sationen gedenken, die ja im Kriege von
grosser Wichtigkeit ist. Hier sehen Sie

FLINTENTRAGBAHRE[62]

---

eine Trage, die aus vier Gewehren mit
einer Zeltbahn hergestellt ist. Auch[59] diese Art
der Beförderung Verwundeter ist als durch-
aus zweckmässig zu bezeichnen.
Ueber den Verwundeten Transport aus
der Schlachtlinie nach den Lazaretten
macht man sich vielfach ein falsches Bild.
Unsere früheren Vorstellungen über den
Ausblick und Verlauf einer Schlacht gehören
für immer der Vergangenheit an.

SCHLACHTENGEGEND[63]

Ein ohrenbetäubender Lärm umgibt
uns, der Erdboden zittert, wenn ein[60]
Geschoss in der Nähe einschlägt, aber nur
der Eingeweihte weiss, woher das alles
kommt und wohin es geht. In der Luft kleine
weisse und schwarze Wölkchen der platzenden[61]

---

58 „nochmals" unterstrichen
59 „auch" in den Text eingefügt
60 ein unlesbares Wort durchgestrichen
61 Weiser mit Bleistift: Schrapnells und Brisanten
62 „Flintentragbahre" in den Text integriert, rot hervorgehoben, mit Bleistift: 16
63 „Schlachtengegend" in den Text integriert, rot hervorgehoben, daneben mit Bleistift: 17

21

Schrapnells und Brisanten.[64] Sonst weite, freie
Gegend, kein Feind, kein Heer, kein Geschütz
[65] zu sehen. Die Folge ist, dass unser
Zeichen des Roten Kreuzes Niemand mehr schützt,
sobald es sich um Fernkämpfe handelt.
Von den hier vor uns liegenden, verdeckten
russ[ischen] und japanischen[66] Stellungen war in
der Tat auch von einem erhöhten Punkt
aus nichts zu sehen. Nur der Feldspiegel
gab auf weiteste Entfernungen hier
Sonnensignale.
Wie anders das Bild, wenn das Rote
Kreuz sich aufmachte, nach der Schlacht

LAUFGRÄBEN[68]

im Waffenstillstand das Kampffeld
abzusuchen. Fliegende Kolonnen des R[oten] K[reuzes]
drangen bis zur äussersten Front vor
um inmitten der furchtbaren Massen-
opfer alle diejenigen aufzusuchen, deren
Leben noch nicht entflohen war.
In der grossen Schlacht bei Mukden,
wo ohne die Toten die Zahl der Verwundeten fast 70.000 erreichte, genügten[67]

---

64 „Brisanten": brisante Granaten
65 „ist" durchgestrichen
66 „russischen und japanischen" unterstrichen
67 Weiser mit Bleistift: die vorgesehenen Beförderungsmittel
68 „Laufgräben" in den Text integriert, rot hervorgehoben, daneben mit Bleistift: 18

22

die vorgesehenen Beförderungsmittel
des Militärs und des Roten Kreuzes längst nicht
mehr. Man musste zu den ungefederten,
zweirädrigen Karren, Dwukolka übergehen,

VERWUNDETENANKUNFT[70]

in denen die Beklagenswerten stunden-
lang über Ackerfurchen und Erdgeröll wegge-
fahren und oft unter unsäglichen Schmerzen
in die Lazarette eingeliefert wurden.
Unser Lazarett umstand am letzten
Schlachttag eine ganze Wagenburg
16 Aerzte und 47 Schwestern waren zuletzt unserem Lazarett zuattachiert
worden; das Verbinden ging mit
rasender Eile und soviel wie möglich
wurde in den Hilfslazarettzügen
evakuiert.
Leider waren es meist ungereinigte
Güterzüge, in denen sogar oft Kaval-
lerieg[imenter] angekommen waren. 30-50 Mann
der Vewundeten wurden in manchen
Wagen geparkt und holten sich unver-
bunden[69]

---

69 Weiser mit Bleistift: oder nach den alten Metoden [sic]
70 „Verwundetenankunft" in den Text integriert, rot hervorgehoben, daneben mit Bleistift: 19

23

oder nach den alten Metoden [sic] behandelt
auf der Reise die tödtliche [sic] Infektion
Unsere Abteilung diente nur noch

AUSSUCHEN DER VERWUNDETEN[75]

grossen Operationen und schwierigen Gips-
verbänden. Als am letzten Tage die Verwundeten vom Schlachtfeld direkt mit
Tragen an unser Lazarett gebracht
wurden, mussten die einzelnen Fälle
zur Operation auf dem Hof ausgesucht
werden, denn in der Erdhütte waren
Tische, Bänke und Gänge mit Verwunde-
belegt. So mancher wurde gleich in
das nebenstehende Totenzelt befördert.
Freund und Feind wurden jetzt[71] in unserer
Döckerschen Baracke nebeneinander behandelt, verbunden, operiert.

OPERATION AN JAPANER[76]

Hier sehen sie eine Ordonnanz des Marschalls[72] Oyama[73],
der durch den Oberschenkel geschossen,
in Gefangenschaft geriet. Nebenbei
ein Russe, der tapfer auf dem Stuhle[74]

---

71 „jetzt" mit Bleistift eingefügt
72 „des Marschalls" später eingefügt
73 Oyama, Iwao, Oberkommandierender Marschall der japanischen Landstreitkräfte im
Russisch-Japanischen Krieg
74 Weiser mit Bleistift: sitzt obgleich er durch
75 „Aussuchen der Verwundeten" in den Text integriert, rot hervorgehoben,
daneben mit Bleistift:20
76 „Operation an Japaner" in den Text integriert, rot hervorgehoben, daneben mit Bleistift: 21

24

sitzt, obgleich er durch Brust, Hals
und Backe geschossen ist.
Hier im Saale wurde auch damals
die neue Wundbehandlung, die Bakte-
rienarretierung, gefunden und wie so oft
in der Geschichte der Wissenschaft[77] durch Zufall.
Sollten diese Metoden [sic] nicht nur wie jetzt
auch[78] im Frieden[79], sondern[80] in späteren Krie-
gen ihren Segen stiften, so bleibt das
auch[81] ein Erfolg und Verdienst des R[oten] K[reuzes][82]

TOTENFELD[84]

Grauenvoll waren die Eindrücke,
wenn auf der Totenschau die Erkennungsmarken gesammelt, die Ausweispapiere
gesichtet und die Leichen in Strohmatten
eingeschlagen wurden, um in die
Erde[83] gebettet zu werden.

FRIEDHOF[85]

Die hartgefrorene Erde musste mit
Harken aufgewühlt, die Blöcke
mit Händen herausgeholt werden,
um das Massengrab in einigermassen

---

77 „Wissenschaft" mehrmals verbessert, mit Bleistift über dem Text eingefügt
78 „auch später" eingefügt
79 „Frieden" unterstrichen
80 „auch" mehrmals durchgestrichen
81 „auch" später in den Text eingefügt
82 „Roten Kreuzes" unterstrichen
83 „Erde" unterstrichen
84 „Totenfeld" in den Text integriert, rot hervorgehoben, daneben mit Bleistift 22,
„Tote in Laufgraben" überschrieben
85 „Friedhof" in den Text integriert, rot hervorgehoben, daneben mit Bleistift: 23

25

genügender Tiefe herzustellen. Nach kurzer Zeremonie des Geistlichen wurden
einfache Holzkreuze auf den Hügeln
errichtet, zum Andenken an die auf frem-
der Erde gefallenen, tapferen Krieger.[86]
Meine Damen und Herren[87.] Wir dürfen
von der Tätigkeit des R[oten] K[reuzes] im Russ[isch] J[apanischen]
Krieg nicht[88] ohne weiteres auf europ[äische]Verhält-
nisse schliessen. Prinzipiell soll das Rote Kreuz
nicht ins Feuer kommen, sondern höchstens
nach den neuesten Bestimmungen in
einzelnen Abteilungen unantastbar
dem Feinde übergeben werden. Doch im Kriege

BRENNENDE LAZARETTE[90]

lassen sich nicht alle Prinzipien durch füh-
ren und manche Situation schafft neue
Gesetze. So in Mukden, als der Rückzug der Russen beschlossene Sache
war. Mit der Waffe in der Hand
haben die Glieder des Roten Kreuzes, Aerzte,[89]

86 unter der Zeile ein schwarzer Trennungsstrich
87 „Meine Damen und Herren" rot hervorgehoben
88 „nicht" unterstrichen
89 Weiser mit Bleistift: Schwestern und Sanitäre
90 „Brennende Lazarette in den Text integriert, rot hervorgehoben, rechts mit Bleistift: 24

26

Schwestern und Sanitäre die Lazarette
gegen die räuberischen Chinesen vertei-
digen müssen. Diese hatten das uns be-
nachbarte Lazarett in Brand gesteckt
und schon loderten am First unserer Erdhütte Flammen auf.

BRENNENDE HÄUSER[91]

Das direkt neben uns liegende Depot
für Gewehre und Patronen der Verwundeten
war ebenfalls in Brand geraten, ein ge-
waltiges Knistern und Knattern der explo-
dierten Patronen erfüllte die Luft.
Jetzt trat auf Befehl des Oberbevollmächtigten des R[oten] K[reuzes] ein Teil des
Personals den Rückzug an, denn wäh-
rend in unserer Erdhütte nur 207 Verwundete, meist hoffnungslose[92] Fälle zurück-
blieben, waren über 60000 Verwundete
in rasender Hast nach dem Norden
transportiert worden.
In Tieling 60 km nördlich

RUHE IN TIELING[93, 94]

---

91 „Brennende Vorräte" rot hervorgehoben, durchgestrichen
92 „lose" unterstrichen
93 „Ruhe in Tieling" in den Text integriert, rot hervorgehoben, daneben mit Bleistift: 25
94 Weiser mit Bleistift: trafen die Teile des Roten Kreuzes

27

trafen die Teile des Roten Kreuzes zusammen. Auf‘
dem Bahnhof wurde Rast gehalten. Aus
den Schilderungen aller und besonders derer,
die mit den Verwundeten den Rückzug
durch das Gebirge hatten antreten
müssen, ging hervor, daß das Rote Kreuz[95]
furchtlos und unerschrocken nach dem
Wahlspruch „getreu bis in den Tod“ gear-
beitet hatte.
In kurzen Umrissen versuchte ich
Ihnen ein Bild der Kriegsaufgaben des
Roten Kreuzes zu entwerfen. Wir alle wollen hoffen,
dass es lieber in gesegnetem Frieden arbeitet. Sollte aber dennoch einmal unser
Herr und Kaiser sein Volk zu den Waffen
rufen, dann möge das Banner des
Roten Kreuzes segnend über denen
schweben, die ihr Leben in den Dienst
des Vaterlandes stellen.

---

95 „mit eigener“ durchgestrichen

Indices

A. Index zum Bestand 8/ 6 (Bildbestand)

Es wird auf die laufenden Nummern des Findbuchs verwiesen.

B. Index zum Bestand 8/ 4 (Nachlassteile, Anhang 1)

Es wird auf die laufenden Nummern des Findmittels Anhang 1 verwiesen